湖北民族学院民族社会发展学科群研究成果，武陵山民族文化与旅游产业发展湖北省协同创新中心资助出版。

适应与构建

田野中的官坝苗族历史移民

谭志满　雷翔　著

中国社会科学出版社

图书在版编目（CIP）数据

适应与构建：田野中的官坝苗族历史移民／谭志满，雷翔著．—北京：中国社会科学出版社，2016.1

ISBN 978 - 7 - 5161 - 6390 - 0

Ⅰ．①适…　Ⅱ．①谭…　②雷…　Ⅲ．①苗族—移民—历史—研究—湖北省　Ⅳ．①D632.4

中国版本图书馆 CIP 数据核字（2015）第 146988 号

出　版　人	赵剑英
责任编辑	孔继萍
责任校对	王　影
责任印制	何　艳

出　　　版	中国社会科学出版社
社　　　址	北京鼓楼西大街甲 158 号
邮　　　编	100720
网　　　址	http://www.csspw.cn
发　行　部	010 - 84083685
门　市　部	010 - 84029450
经　　　销	新华书店及其他书店

印刷装订	北京市兴怀印刷厂
版　　　次	2016 年 1 月第 1 版
印　　　次	2016 年 1 月第 1 次印刷

开　　　本	710 × 1000　1/16
印　　　张	12.5
插　　　页	2
字　　　数	201 千字
定　　　价	48.00 元

目　录

导　言

　　官坝苗寨是鄂西南地区典型的由苗族历史移民形成的寨子。官坝苗寨位于湖北省恩施土家族苗族自治州咸丰县境内，距县城24公里，杨官（杨泗坝—官坝）大道和忠建河（又称散毛河）横贯全境。寨子北与宣恩县晓关乡白沙溪村、张关村接壤，东与平地坝接壤，南临宣恩县晓关乡大山村和本县马河村，西与芭蕉村交界。官坝苗寨所在的行政村——官坝村，辖12个村民小组，750余户，

图1　官坝苗寨一角

2500 余人，其中苗族 800 余人，土家族 700 余人，汉族 900 余人，还有少量的其他民族成员。由于历史上从湖南麻阳一带迁徙而来的滕姓、陆姓等苗族聚居在官坝境内，且形成了较大的院落，所以 20 世纪 90 年代以来有人将其称为苗寨，有媒体誉为"荆楚第一苗寨"。现在官坝苗寨这个称呼不仅被当地民众普遍接受，还吸引了专家学者来此考察以及众多游客来此观光。

官坝坐落在名叫龙王园的盆地上，地势平坦而开阔，平坝上田埂纵横交错，靠山处房屋星罗密布。四周叠起的山峦，环抱着平坝，其状各异，当地人形容为：东似仙人乘轿，西似搁笔山架。当地有名的山有人头山、老虎堡、轿顶山、马头山、船堡山、龙塘、香炉钵、鱼鳅堡、禹人寨、狮子堡、倒挂金钩等。

图 2 马头山

官坝苗寨所在的区域有大量属于国家保护的珍稀动物，如白冠长尾雉、红腹角雉、红腹锦鸡、大鲵、獐、麝等，还有实用价值较高的果子狸、穿山甲、黄麂等。

官坝苗寨交通便利。咸丰县城通向省城武汉的交通干线穿寨而过，官坝通往咸丰县城仅需20分钟的车程，通往州城恩施也仅需1小时车程。现在经过官坝苗寨的恩黔（湖北恩施至重庆黔江）高速公路通车在即，恩黔高速公路贯通后，从恩施到官坝苗寨仅需30分钟，从重庆到官坝也只需要3小时。如果说恩施是人类的后花园之一，那么官坝苗寨在交通条件改善后则是恩施人观光休闲的理想去处，可称后花园的"小别墅"。

官坝苗寨水源丰富，水利系统发达。忠建河是官坝苗寨的母亲河，河水清澈见底，水中可见游鱼成群。在环绕官坝苗寨的群山中还有众多小溪密布。官坝苗寨有善于治水的传统，他们祖辈在这里安居乐业的时候就懂得修筑渠坝引水来灌溉良田。如今在政府的帮助下，他们对水利设施进行了修缮，完全可以满足苗寨人的生产生活用水需要。龙潭溪发源于官坝苗寨的山脚边，终年不干，泉水冬暖夏凉，水质很好，给官坝增添了不少灵气。

图3　龙潭溪发源地

官坝苗寨的建筑以走马转角楼为主，在与周边土家族长期的交流融合过程中也接受了土家吊脚楼文化元素。官坝苗寨的房屋顺山势而建，靠山修正房，两边修厢房，中间用转角相连，面对正房修有一排吊脚楼，正房、厢房、横房中间留有宽敞的院坝。院坝是全家人活动的中心地，遇婚丧嫁娶或重大节日，这里又是宴请宾客的重要场所。官坝苗寨房屋虽大小高矮有别，形状各异，但总体布局错落有致，杂而不乱。

官坝苗寨的房屋多聚族而建。保存较为完整的有滕家大院和陆家大院两处四合天井，其余大都为单户修建但相互毗连，且多配以吊脚楼，多处神龛、窗花、雕饰保存完好，工艺精湛。

图 4 吊脚楼式的苗族建筑

"官坝"这一名称的由来，历来在人们的心目中较为模糊。关于"官坝"这一名称，多数老年人都说是因为这里曾经人才辈出，在朝廷内外为官的人较多，得到朝廷的赐名。也有另一种说法：因为这里四周高、中间低，犹如船形地貌，好像将这块坝子关在了中间，因此又称作"关坝"。至于官坝地名所隐含的真实文化意蕴，也只有待学者与游人去研究与揣摩了。

官坝苗寨的文化底蕴十分深厚。来到官坝随时可以听到古老的山歌民歌；夏天的傍晚还能听到童谣和谜语；而更多的是这里还留存有祖先的记忆，发黄的族谱，晦涩的麻阳话，可供纳凉的风雨桥，旧时御赐的匾额；有牛虎灯、龙灯、草把龙、干龙船等传统的民间文化艺术表演形式；还有很多如婚、丧、嫁、娶、修造、节气、信仰等独特的民俗风情。

官坝苗寨丰富的自然风光和人文景观，吸引了不少中外游人的光临和关注，实为旅游休闲、体验民族风情、研究历史移民族群传统文化变迁以及经济社会发展的理想田野工作之地。

第 一 章

官坝苗寨的形成

关于官坝苗寨从来没有直接的文献记录，只有传说中一些模糊的关于清代以后各姓移民开垦的故事。但是，根据其他文献中的零星间接记载和传说故事的分析，我们可以对初期的村寨建设和开发的历史、特征及其发展过程做一些梳理。

第一节　大田所龙坪堡阶段

龙坪在元代以前一直是散毛土司的领地，东边是施南土司，北边是唐崖（大田）土司和金峒土司。土司之下的山民们，在这里过着基本不改变原始生态风貌、以渔猎和游耕为主要生计方式的溪峒生活。

明洪武二十三年（1390），蓝玉率领明朝军队征讨施南土司、散毛土司，占据散毛土司北部辖地，建立"大田军民千户所"。"龙坪屯"成为大田所的屯垦区之一，龙坪包括官坝在内的忠建河边的大片平地开始被开垦成为农田。龙坪屯也叫龙坪堡，也是驻扎卫所部队、监视威慑土司的重要军事据点之一。今天龙坪对面的"土城堡"，传说曾是土司王的城堡（土王被杀以后改建大庙，民国时庙废成为学堂，今天只剩茶园和坟地），应该就是当年驻扎屯军的龙坪堡。民国版《咸丰县志》记载："崇祯末年……所城东北三十里有清水堡、蒋家坝，又五十里有马湖屯，又五十里有龙坪堡，系千户蒋永镇带兵一百名屯守。"① 但是，明代后期政治腐败，军事力量极度衰落，卫所军队不仅不能威慑土司，甚至无力自保，周边各土司乘机侵占原来的卫所屯地。"散毛司霸占清水堡，改名散毛河，又霸占蒋家坝，改名蛮寨子；施南司霸占龙坪堡、白沙溪、小关、大岩坝、石虎关、张角铺、土鱼塘、三佛坝等处。"② 到明朝后期，大田所驻兵屯垦的龙坪堡，被施南土司霸占。传说中驻扎土城堡的"土王"，应当是施南土司派驻龙坪的首领。

　　明朝末年，朱氏王朝在农民起义和清兵入关的双重冲击下瓦解，卫所制度也随之崩溃。特别是"夔东十三家"，多次进攻并长期占据卫所地区。康熙初年，王观兴胁裹大批卫所军民到荆州，之后又有吴三桂、谭宏的动乱，不仅龙坪堡甚至整个大田所几乎完全被荒废。

　　直到康熙二十年（1681）以后，清朝廷废除卫所世袭制、军屯制，重派流官性质的守备、守御担任卫所官员，全力推行招垦政策。经过几十年的招垦，大田所主要屯地基本恢复。屯堡地区的大量熟田坝子里，应召而来的首先仍然是回乡的昔日卫所官兵，特别是官员。应召而来的无地农民，聚集到周边被土司侵占的区域和未曾开垦过的荒山，龙坪屯也是其中之一。这时的朝廷力量已经十分强大，康熙政权的一系列重大军事胜利也使土司们受到巨大压力。康熙四十五年（1706）到任的大田所守御钮正已，乘势逼迫土司们退还屯地。文献记载："康熙五十四年（1715）十二月，大田掌印军民守御所钮正已，因汉、土互争田地案内，土司恃强侵占。钮断令土司退出所占，而令汉民备价赎取。铭钟记案，今存兴国寺。铭曰：为铭钟记案以垂久远事。窃惟，余自丙午夏莅任以来，目睹地方形势，民生疾苦，甚为悯恻。以有限残孑之民，处诸土环绕之

---

① 《咸丰县志》民国三年本，咸丰县志办 1983 年重印。

② 同上。

中，岂有不被其欺凌吞食者乎？所以边境田地为施南、唐崖、散毛、木册、腊壁各土司占去，不下百十余处。前任各牧虽欲详请，而诸土强占，终成悬搁。余自愧德凉力绵，午夜焦思。但身任地方，岂可因循置之度外？是以独于田亩侵占不清等事案内，尽行断退。有约者酌付价值，无据者量力开垦。诸土司俱各乐从，毫无嫌怨，出有吐退印结。赍院题达，永为定案矣……遍示招安，给荒垦种，而民屯田地郁然渐熟矣……第巨条重案，人心叵测，日久变更，土司又起争端。谨记案铭钟，永垂不朽焉尔。合计断退之业：一，蒋世振、黄金环、陆、谭、李、赵、钟、杨、滕、曹等姓，赎回施南司退出龙坪屯……"① 可见，因为朝廷给地招垦而来的各地流民，也凭借朝廷的帮助在龙坪定居并取得了土地所有权。其中，就包括后来组成官坝苗寨的陆、滕、钟等姓的苗族移民。

第二节　龙坪垦荒的麻阳苗族移民阶段

湘西麻阳是武陵山区开发最早的地区之一，境内溪河众多，两岸苗族有稻作农业的历史传统，有开发利用沟渠谷地的丰富经验。麻阳是辰水（锦江）河畔的重要码头，也是武陵山区各少数民族与华南地区交往的主要集散地之一，麻阳人与武陵山各地各族都有比较密切的联系和交往。同时，麻阳自唐代以来一直是朝廷讨伐镇压武陵山各族人民的重要军事据点，麻阳苗族与九溪十八峒各族群一样，处在严酷的压迫与歧视之中。

清朝初年西南地区的"给地招垦"政策，对苦于无地的农民都有极大的诱惑力。麻阳苗族农民在施州卫、大田所的招垦中，以及以后"改土归流"的招垦中，都有积极响应。龙坪堡"给荒垦种"招来的各族无地农民中，也有来自麻阳的苗族群体。

---

① 《咸丰县志》民国三年本，咸丰县志办 1983 年重印。

现存官坝的《滕氏族谱》记载，官坝滕氏始祖滕善元，本是麻阳高村人，后移居沅州芷江县，小地名猪楼冲。滕善元与运亨、运兴二子迁移至四川焕香寺白泥田居住，运亨向门入赘。"岁在癸巳（1713），复迁于湖北施南府咸丰县太和里，小地名龙坪官坝落业。乃我龙坪之祖也。"可见，从麻阳出来的滕善元家族，辗转多处，最后可能是钮正已的"有约者酌付价值，无据者量力开垦"政策，使他们选择落业于龙坪。

图 5　开垦后的"熟田"

桐麻堡上有龙坪陆氏始祖陆至贵（1677—1756）的墓碑，两侧镌刻的祭文称："先祖至贵公于雍正三年（1725）由湘之麻阳县迁至鄂西咸丰龙坪安居繁衍，至今已历十二世，约四百余户后裔二千余人。"雍正三年可能是他最后立业定居官坝的时间，前面也有一个辗转过程。当地传说：张、唐、陆、钟、田五姓人一起，为躲避战乱从麻阳迁来。最先落脚地在"蚂蚁洞"（忠建河下游约50里，今属宣恩晓关），后来才分成八股分散到蚂蚁洞的周边地区。晓关街上"禹王宫"都有八股的人参加修建。陆氏家族中传说：陆至贵在蚂蚁洞落脚以后，娶金氏为妻，金氏婆婆在陆家的家族史上有特殊地位。金氏婆婆本是当地大族谭家的小寡妇，带着谭家幼子嫁给陆至贵以后，连同谭家幼子金氏婆婆一共生了六个儿子，分别是：陆永秀、陆永武、陆永祥、陆永新、陆永麟、陆永厚。其中大房陆永秀本姓谭，因此陆、谭两家不开亲。金氏婆婆葬在蚂蚁洞，陆家每年清明会的重要内容之一就是到蚂蚁洞去为金氏婆婆挂青。这个传统一直保持到约300年后的今天。谭姓是土家大族，金姓是卫所屯军大族，故事显示：陆至贵的成功，重要原因是得到了谭家、金家的帮助，这也象征了整个苗族移民与当地土著族群或较早迁徙至此族群的友好和亲情关系。

图6　陆氏祖先之墓

第三节 家族院落阶段

龙坪在明代以前的散毛土司时代是军民合一的"溪峒社会"，大田所时期是军垦性质也是军民合一的"屯堡社会"，清初赶走土司、废除卫所以后的龙坪，乡村社会组织是一片空白。清康熙年间招垦而来的移民们，面临的不仅是垦荒改造自然，还必须面对众多的社会纷争，需要组织起来。随即而来的"改土归流"废除金峒、唐崖、龙潭土司，连同大田所于乾隆元年（1735）设置咸丰县。新政权也需要新的社会秩序，而且宋代以来的"家族化"运动，早已成为主流社会惯常的民间组织模式，也早已成为流官和大多数移民乡村的认知习惯。就是说，流官、移民垦荒同时进行的乡村组织建设中，家族组织是源自认知习惯的第一选择。在流官政权处理乡村事件的早期文告里，在移民们留下的早年迁徙、落业的家族故事里，我们都能体会到这种认知。

麻阳苗族移民的家族认知影响，早在迁徙过程中就有所表现。传说从麻阳迁出时，张、唐、陆、钟、田五姓人就是结伴一起，一起出发、一起辗转两省、一起选择落脚在蚂蚁洞，还一起赞助修建晓关街上的禹王宫。也就是说，早在麻阳地他们就有了强烈的家族意识，已经经历了合族修谱建祠堂的"家族化"过程，已经完成了"源自江西"的祖先认同。所以他们才会参加江西会馆性质的禹王宫修建。但是，他们都是麻阳最穷困最底层的家族成员，强烈期盼改变当时自己的社会经济处境，包括在家族组织中的地位。因此他们脱离家族，结伴远赴战乱之后的"施州"以寻找发家立业的转机。

在苗族移民们的安家立业过程中，家族观念的自觉运用更是起到了重要作用。落脚蚂蚁洞以后的张、唐、陆、钟、田五姓人，结成类似家族血缘的"弟兄关系"，以蚂蚁洞为基地，"四处分散"

寻找发家机会。当时的招垦背景之下，"四处分散"寻找的应该是前面提到的钮正已所说的对无主荒地的"量力开垦"的占地占田机会。陆氏进山始祖传说中的"金氏婆婆"故事，是利用家族关系立足的最好例证。我们今天看到的是陆氏发达以后的家族谱系，是把谭氏幼子"谭永秀"容纳进陆氏家族，使之成为陆氏之一房一支的"陆永秀"的"拟血缘"建构，而后"陆谭二姓不开亲"。而当初谭家是土著大族，陆氏家族贫困弱小，很可能是谭家容纳陆氏而导致"陆谭二姓不开亲"。滕氏族谱也有类似记载：当初的进山始祖滕善元让长子滕运亨入赘向氏，向姓也是土著大族。

苗族移民们在龙坪开展的"家族化"社区建设，在龙坪社区发展史上具有划时代意义。当地普遍传说：以前人们都住在"合家坪"，后来分散下来，才陆续建起陆家院子、朱家院子、滕家院子、夏家院子等。口碑中的"合家坪"时代，是土司时期溪峒组织、卫所时期屯堡组织的社区面貌，军民合一的社区性质不允许家族结构的社区组织存在。陆、滕、钟等姓麻阳苗族迁来以后，当然也是土司统治、卫所统治被彻底废止以后，开始了家族社区的发展阶段，其中最重要的空间结构变化，就是"合家坪"变成"家族院落"。

龙坪官坝社区建构的另一重要特征是在陆、滕、钟等家族组织家族院落之上，成功地建构出"麻阳人"的次级社区，并使之成为认同和区别的重要工具，也是官坝苗寨形成的重要标志。

龙坪官坝的家族化过程，当然不只是形成家族院落。家族院落只是外在的空间结构，其中容纳了与之相适应的官坝苗寨的整个生态文化系统，包括：以伏波庙、神龛祭祀为中心的伦理规范系统；以龙潭水坝、水渠山泉灌溉为中心的稻作农业生产系统；以年节为中心的农居生活系统；以嫁娶为中心的家族继嗣系统；以图腾、祖先、英雄崇拜为基础的信仰系统，等等。

第 二 章

官坝苗寨的建筑文化

建筑文化是人类文化的重要组成部分，是不同时代经济、文化、艺术、科技的综合体现。建筑文化的形成不仅与一定的自然环境相关，还与人们的价值取向、风俗习惯有着十分密切的关系。不同历史时期、不同民族的建筑形式体现了时代、民族及地域特色。

第一节　官坝苗寨建筑文化概述

官坝苗寨是咸丰县忠建河流域的一个小盆地。官坝苗寨历史悠久，村落形成已有 300 余年。苗寨坐落在忠建河南岸一侧的台地上，左有女儿寨，右有尖坡、白岩角相衬，后有轿顶山，前有笔架山。忠建河宛如一条玉带从村前绕过，尽显苗寨灵气。

官坝苗寨主要由两大聚落组成，东边的聚落是夏家院子，西边是陆家院子。龙潭渠成"几"字形缠绕着夏家院子、陆家院子。两个院子均有一条 2 米宽的水泥路一直延伸到院落深处。近年来，由于官坝中心集镇的规划与建设，当地村民在马路北侧新修的小楼房呈线状分布，与苗寨传统的木质楼群形成了鲜明对照。

图 7　官坝苗寨的房前屋后

图 8　陆家院子一角

　　官坝苗寨的民居均倚山而建，清一色的木结构住房大部分都是两层阁楼。阁楼的内部设计基本相同，正屋一般为三开间，进门的正中就是堂屋，堂屋的右手边是并排的卧室，有两居室的，也有三居室的。阁楼下有柱无壁，一般用作栏圈喂养牲畜，也有用作堆放柴草杂物的，少有人居。苗寨民居以一正一厢和一正两厢为多。每根柱头下面都垫着一块青石，这样整个房子都悬空而立，呈现出"干栏"建筑的基本特色。如果是吊脚楼房屋，吊脚楼上部分一般用作卧室，与正屋相接的房屋则做厨房用。除堂屋和厨房外，其余房屋均以木板悬空铺地，以御地面潮气。

图9　苗族传统民居

　　堂屋是祭祀祖先、迎送宾客、置办红白喜事的场所。有的家户也在堂屋的后半部隔出一间小屋，作为老年人的卧室。大部分家庭一般以中柱为界，将堂屋两边的房屋用板壁分隔为前后两间，前半间做火房，后半间做卧室。一般来说，父母住堂屋左边的卧室；儿子结婚后，就住右边的卧室。若是兄弟俩，长兄住左而弟弟住右，父母则住堂屋后面的小屋。姐妹一般住吊脚楼上，没有厢房的人家，姐妹则住楼上。堂屋宽大，无大门，正中央的墙壁上设有神位，当地叫作"神龛"，供奉"天地君亲师位""×氏堂上历代祖先""×氏堂上历代昭穆祖先"牌位，不过现在一般悬挂毛主席的画像。听当地人说，在苗族成员的心里，毛主席就是他们心中的神之一。右边的卧室设置也较讲究，从靠近大门往里数的第一间房子被称为前房，提供给贵宾住。没有客人时，要么给家中待嫁的女儿住，要么给家里的晚辈住。前房的采光条件较好，一般用作餐厅，地面比堂屋地面高半尺左右，其中间设有一个1平方米大小的火塘，用于冬天烧柴火用，冬天家家户户就围坐在火塘边烤火取暖，塘中放一铁三脚架，架上置鼎锅或铁锅烧水、煮饭、炒菜；同时在距离天花板一定距离之处吊一竹木材质的架子，下挂肉块以便烟火熏烤。官坝苗寨的火塘柴尾处是祖先神灵所在之处，是不能坐人的，其余三方都可放椅子或长凳坐人。苗族老人说，火塘所在的房

图 10　堂屋大门

屋既是吃饭、休息、交往的地方，也是苗家人的神圣之地，是不允许在这个地方有任何不当言行举止的，即使是小孩在火塘边上坐立不正或言出不逊，都会招来大人的斥责，最重要的是许多家庭大事都是在火塘旁议定。火塘在传统意义上是苗族家庭活动的中心，所以显得特别重要。

　　当地苗寨的建筑风格历史悠久，至今也没有多大的改变，唯一改变的只是建筑面积的大小和装饰的变化。当地的苗族同胞已经习惯住在木质阁楼中，这种木阁楼，冬暖夏凉，经久耐住，抗震能力强，但它也有弱点，就是易发火灾。据当地村民介绍，官坝苗寨的房屋有许多是20世纪初修建的，距今有八九十年的历史了，已供三四代人居住使用，至今仍很坚固牢实。以前村里一些赶时髦的年轻人，效仿外面建了砖瓦房，后来感觉住起来还是不方便，于是拆了砖瓦房重新建木阁楼。

图 11　窗花

　　改革开放以前，官坝苗寨房屋室内陈设相当简单。做饭一般都是在火房中进行，而厨房一般在客人较多时才用上。厨房中除了灶台之外，一般放有一个碗柜、少量炊具以及水缸等器具。许多家庭的卧室里面只有一个简单的木架床，已婚夫妇卧室中也只有少量作为女方嫁妆的家具，如木箱、衣柜、抽屉等。堂屋中除了设神龛以外，一般都放置生活生产用品，如风车、犁头、晒席、石磨之类。当然，为老人准备的寿棺也通常是纵向置于堂屋里角。改革开放以来，尤其是近年来随着官坝新农村建设的开展，人们的生活面貌发生了很大变化。很多家庭的火房变成了现代化陈设的"客厅"，沙发、电视机、影碟机、音响、电话等家电悄然进入寻常百姓家；新婚夫妇卧室中的席梦思、梳妆台、写字台也是一应俱全；厨房中已经用上了沼气或液化气，电饭煲已经成了大部分家庭不可缺少的做饭器具；吊脚楼上经常可以看见晾晒着的款式新颖的各色衣服。除了很少设有火塘之外，住砖木楼和砖楼房的人家，其室内陈设与传统木质房屋人家无异。

官坝苗寨的建筑样式经历了一个从简单到复杂的发展变化过程。据老人们介绍，新中国成立前很多贫苦的老百姓住茅草屋，只有部分条件较好的人拥有自己的木质房屋。新中国成立后特别是改革开放以来，苗寨老百姓的居住条件日益改善，茅草屋悄然退出了人们的生活。大部分苗民都建起了木质房屋，一部分修建了砖木房，还有一部分比较富裕的人建起了砖楼房，此外还有好几处具有本地特色的公共建筑设施，苗寨建筑样式逐渐呈现出多样化趋势。

第二节　吊脚楼

吊脚楼是我国西南民族一种常见的民间建筑形式，属于干栏建筑的一种。吊脚楼在当地也称"转角楼"，是一种纯木结构的建筑，采用穿斗式结构，不用一钉一铆。在官坝苗寨的所有建筑中，最具特色的就是吊脚楼。官坝吊脚楼大都建在以龙王园为中心的台地上，属于忠建河南岸的沉积地带，依山傍水，地势平坦。村民们认为，宅基地的选择一般要考虑到以下几个方面的条件：一是能够就地取材，二是人畜饮水要比较方便；三是经风水先生看过且认为风水好的地方。

图 12　传统吊脚楼

官坝苗寨住房正屋一般是三开间木质结构的瓦房，也有极少数五开间的。吊脚楼在外形结构上呈现出多样性特点，主要有以下几种类型：一是单吊式，又称为一头吊或拐头吊，这是比较多的一种，它的特点是在正屋的一头厢房悬空吊脚，下面用木柱支撑。二是双吊式，它是单吊式的延伸和发展，有人称其为"双头吊"或"撮箕口"，它是在正屋的两头都有悬空的吊脚厢房。三是多层吊，即在一般的吊脚楼上再加一层甚至几层，单吊式和双吊式的吊脚楼都可建成多层吊脚楼。四是平地起吊式，即整个正屋和厢房都依靠房下的木柱支撑而悬在空中，平地起吊式是官坝苗寨建筑的独特现象。五是井院式吊脚楼，这是官坝苗寨建筑的最大亮点。官坝苗寨一般正屋与厢房之间用磨角相连，面对正房的是一排吊脚楼，然后根据房屋朝向的要求，在厢房的龛子与前排横房之间修朝门，形成井院式吊脚楼，在正屋、厢房与横房中间形成宽敞的院坝。据从事当地传统文化研究的学者考证，官坝最古老的井院式吊脚楼是"陆家四房堂"（"四房堂"是指陆姓当年定居官坝后，族内的四个房头最早修的建筑的总称），房屋一正四厢两井院，左右两厢分别悬空而建，如今"四房堂"的大部分结构虽已不复存在，但通过其整体布局仍然可以感受到先前的宏大气势。至于修建什么样的吊脚楼，则主要看房屋所处的地势条件、家庭经济条件和家庭的实际需要而定。

图 13　走马转角楼

第三节　砖木房

砖木房就是用普通火砖、水泥砖以及杉木等为主要材料修建的房子。这种房屋在官坝苗寨主要有三种形式：一种是在木质结构正屋的一侧或两侧建砖房以替代传统吊脚楼厢房的房屋形式，其正屋左右两侧的厢房均为砖砌平房，但左侧平房为两层，第一层处在正屋坎下，为喂养牲畜、堆放柴草所用；第二层供人居住，这实际上是传统吊脚楼的变体，只不过以现代材质的方式得以表现出来。第二种砖木房的特点是第一层用砖块砌成，而第二层则全部采用木质材料构建，有的人家在第二层还修有吊脚走廊，如夏家院子的房屋即是如此。第三种砖木房是房子的主要框架用砖石砌成，但在房屋的"吞口"、拖檐、二楼地板以及走廊等处全用木质材料修建，如官坝村委会的办公楼就是以火砖作为主要框架，但二楼房间隔断、地板、吊脚走廊等处均用木质板材，体现了传统木质房屋与现代砖瓦房的较好结合。

图14　供休闲纳凉的楼房

第四节　砖楼房

　　官坝苗寨的砖楼房从 20 世纪 80 年代末 90 年代初开始出现，现在最高的砖楼房有四层，但以两层居多，从外部形状和内部结构来看，与县城的小楼房并没有多大区别。官坝苗寨砖楼房大部分是砖混结构，也有少数框架结构。由于地方政府有关"水脉苗寨"建设规划的出台，以打造官坝民族生态旅游"荆楚第一苗寨"为目标，要求凡是处在"水脉苗寨"建设规划范围内的砖楼房停建，故目前在建的砖楼房大都处在停工状态。修建砖楼房者大部分是正在外务工或者有外出务工经历的中青年人，他们大都认为住砖楼房比住传统木质房屋更加卫生、方便，他们觉得与现代生活方式尤其是与城市生活的接轨更能够在村落中显现出一种体面。

图 15　沿马路而建的砖楼房

第五节　官坝苗寨民居的文化意蕴

在官坝，所有吊脚楼、门罩、天井、石梯、巷道、雕窗、房梁、翘檐等，都无声展示着苗家工匠的精湛工艺，具有很高的审美价值和艺术价值。而改革开放以来苗寨建筑形式的多样化，则反映了村落生态环境的变迁和人们物质、精神生活水平的日益提高。

修建新房是苗寨的大事情，有着一套严格的程序。建新房一般要经过选址、备料、立"排扇"、装修入住等阶段，尤其是立屋仪式伴随着一系列的程序与禁忌。

首先是选址，官坝苗族十分注重建房选址，要求背风向阳，从堂屋中点正前看出去，要对准山与山之间的垭口；屋后靠山稳重，并要求"左青龙，右白虎"。有"只准青龙高万丈，不许白虎抬头望"之说，即要求左面山高，右面山矮。青龙山高，后辈出人才，人丁兴旺，白虎山高了，就是"白虎食子"的山形，后辈就不会兴旺吉利。

其次是备料，苗寨传统民居为木质结构，杉树是建房的主要材料，尤其是房屋的柱子必须用杉木，椽子一般为松木兼用枫树等材料，板壁材料以松木为主兼用少许杂木。柱料要求茂盛、挺直、匀称。而在所有选料中尤对梁木的选择最为讲究，要求梁木生长茂盛、无虫蛀、匀称，并在同一树蔸上有很多小芽发出，有"子孙兴旺"之意。上山砍梁木时要带上香纸、酒肉祭山神，树砍后倒向只能朝上不能朝下。从砍梁木到上房，这期间任何人不得跨越、踩踏、击打梁木，或说不吉之语。

再次是立"排扇"。立"排扇"也叫"竖列"。制"排扇"时，要先从堂屋右边第一列的中柱开始制作，制完柱子后再制"斗方"和"挑"。梁木在立屋所选吉日的前一天或当天一早从山上运回。立屋当日凌晨备齐酒、肉、香纸等供品祭祀鲁班。"掌墨师"手持公鸡念咒画符，取鸡冠血滴入三个分别代表主人、木匠、亲朋的水碗之中，以鸡血在水碗中的散与凝作为各方在立屋过程中凶与吉的象征。谁碗中血散，谁就可能有危险，但掌墨师会随即烧香化纸以求鲁班保佑。掌墨师手持祭鲁班时所用公鸡，口中念念有词并在柱子根部画符、烧香，然后手执"法棰"击柱高喊"起呀"，众亲朋好友便齐力将"排扇"竖起。竖列之时，首先立堂屋右边第一列，其次立堂屋左边第一列，然后分别是右边头第二列、左边第二列等，以此类推。立毕即在堂屋备好梁木"上梁"，由掌墨师和副掌墨师负责。上梁前，掌墨师要说祝贺之类的话，内容包括梁木的根源、上梁后对主人家的美好祝福等。开梁口（梁木两头的卡口）时，主人背靠梁木，反提衣衫接住木渣，然后掌墨师将木渣用红纸包好。用五个或七个硬币将木渣包于一块红布内并钉在梁木正下方永久保存。

图 16　陆家堂屋

竖列完毕，开始搭梁、抛梁、说福事。所谓"福事"，皆是一些祝福、尊奉主人家的话语。凡木匠、亲朋会说福事的人均可上屋梁上去说一些福事，说福事时，掌墨师坐东头，说福事的人东西两头均匀分座，凡说福事之人都会得到主人家派发装有少许现金的红包一个。立屋当天，主人备有酒席款待宾朋。所有亲朋、邻里都会被请来聚会、庆贺、玩乐及帮忙立屋，他们也会赠以钱粮、菜肴、匾牌、被面或叫上锣鼓队、唢呐队进行表演以示祝贺，气氛十分热烈。

最后一步就是装修。房屋框架一经立好，就可以在排扇之间搭上椽子和檩子并覆以瓦片。柱子之间的空隙则装上木板，形成初步的房屋空间格局。也有少数人家在房屋的第一层不装板壁而以砖石墙壁代之，建成砖木楼，但无论如何，房屋的第二层是要用木板装封的。经济条件稍好的家庭则在正屋一侧或两侧修建厢房或吊脚楼，以拓展居住面积和增加房屋的美观程度。待基本的生活设施备齐后，就可以择日搬家入住了。

图 17　房檐下的"吊子苞谷"

现在人们修建砖楼房，建筑材料已发生很大变化，多用砖块、钢筋、水泥。报酬形式由以前的换工互惠变成了如今的劳动力工资支付。除了竖列以外，其他建筑仪式和禁忌虽无以前严格，却也没有发生根本变化。比如，以前的竖列仪式变成了如今的"倒板"仪式。主人会提前发出邀请，在"倒板"当天宴请宾朋，相邻则赠以礼金以示祝贺，从而逐渐代替了以前的实物馈赠。

经过一年辛勤的劳动，官坝苗家人会把多余的粮食进行精心的储藏，自家的阁楼是储藏粮食的最佳地点。苗寨人会将家中收获的粮食、土特产、平日用得不太多的生产生活工具等，都堆放在楼上，一则可以防潮，二则可以有更高的安全感。传统的储粮方式很简单，不少人有用简易木柜、草堆等储存大米等粮食的传统习俗，这些传统的"粮仓"大多用木桩架起数米高，以防虫害，也成为当地一道独特的"风景线"。南方高温高湿，很难防范虫害鼠害，每年粮食因产后储存不当造成的损失比较严重。粮食储存中的不利因素有三种，一是火灾烧毁，二是潮湿霉变，三是鼠虫偷食。随着科技的发展，现在出现了很多储粮工具，但大多数的居民还保留着较为古老的储粮方式。

在历史上曾有"北人穴居，南人巢居"一说，南方从巢居逐渐发展为干栏式建筑。在官坝苗寨，飞檐翘角的木质老宅不仅是他们安身立命、繁衍后代、延续民族历史的根基，也是苗族建筑文化的载体。窗户上、栏杆上雕有各式各样的花纹，如万字格、亚字格、喜字格以及福禄寿喜字样等象征吉祥如意的图案；楼上向阳开窗，窗形千姿百态，有双凤朝阳、喜鹊闹梅、狮子滚球等。

官坝民居中房屋的门也有特别的讲究。在建房子的时候，每道门都是上宽下窄，虽然乍一看上下一般宽，但只有当地人知道门的上方会比下方宽一点。据说这样做的目的在于可以让这家的媳妇以后顺利生产婴儿，以求香火永续。除了这一点，还值得一提的就是高高的门槛。高门槛在当地意味着一道墙，它可以将一切不好的东西挡在门外，特别是要把那些被认为属于鬼怪之类的东西拒之门外，以保一家人的平安幸福。过去还有不能踩门槛的习俗。门槛可以坐，绝不可以踩，小孩子们不懂事，常在门槛上玩耍，大人见了会马上制止，说门槛是护家的神，不能随便踩踏。高门槛在古代是身份地位的象征，门槛越高表明该户主人的社会地位越高。只有地位高的人才能把自己家的门槛建得高，而生活在社会下层的平民是绝对不能把自己的门槛修高的，除非自己家里出了贵人，有谁当官、考试高中了，这时就别说是门槛了，就是整个门都比一般人修得要高出一点。

第 三 章

官坝苗寨生计方式的变迁

  官坝苗寨的生计方式属于典型的稻作与山地耕猎相结合的类型。官坝苗寨位于武陵山区，自然环境对于当地发展有利也有弊。有利的一面在于当地的土壤、水源、气候等都比较适宜发展农耕生产，尤其是水利资源和水利系统比较理想，因此使苗族传统稻作文化得以传承；而不利的一面在于很多可耕种的土地多属山地，不适宜发展大型的机械化耕种，因此在开垦时多采用砍火畲的方式。在这样的自然条件下，官坝的农耕一方面遵循祖辈传承下来的传统方式，另一方面也开展了适应性生产方式的探索。

  虽然今天的官坝交通发达，但这只是很晚近的事情。300 多年以前，当官坝苗族从湖南麻阳迁徙而来时，这里还只是一个封闭的小山村，通往外面的道路在大山之间蜿蜒，通车都比较困难，外面先进的耕作方法和技术很难顺畅地传播到这里，所以这里的生产也以世代相传的经验和方法为主，在生产以及生活技术层面并没有太多的改变与创新。官坝苗族特殊的迁徙历史和其所居住的独特自然地理环境形成了如今官坝苗寨独具特色的生产方式——世代相传的稻作文化、古老悠久的渔猎习俗、生机勃勃的民族手工业。

  在历史的记忆和人们的心目中，苗人似乎一直都与战争有着不解之缘。苗人的祖先蚩尤是传说中的战神，苗族也一直在与自然及与人的争斗中求生存。但在战争的另一面，他们也有鲜为人知或被人忽略的稻作传统，并且这些丰富的稻作经验已经在历史发展过程中积累成为深厚的文化习俗。官坝地理环境对山区来说当属优越。官坝周围群山环绕，中间流淌着忠建河水，山上还有两个泉水喷涌形成的深潭流水——龙潭溪和柴山沟，这些自然条件为官坝的稻作生产和文化的形成与传承提供了得天独厚的条件。

官坝苗族除了继承麻阳优良的稻作文化传统以外，还通过自己的勤劳和智慧适应了一系列不同于麻阳大河流域特点的山区地形的生产方式，如畲田和狩猎捕鱼。不仅如此，官坝人还逐渐适应周边环境，形成了与当地环境密切相关的手工业生产方式，如传统的苗族银艺制作，同时还学习并改进了土家族的绣花工艺等。

第一节　稻鱼共生——传统稻作文化及其变迁

官坝苗族民众得以在当地繁衍生息，并保留着湖南麻阳的传统稻作方式，还得益于官坝的隶属和其土地性质的变迁。在麻阳苗人来到官坝之前的明代，这里处于屯堡社会阶段——由军队及其家属为屯田而移民形成的社区，这种制度对自然环境的改造起到了必要的作用。在卫所制度逐渐崩溃后，施南土司将当时包括官坝在内的龙坪占据，直到康熙五十四年（1715），清政府当时的大田所守备钮正已实行退屯招垦，使当时已经从麻阳迁来居住在官坝的陆、滕、钟等大姓苗家有机会赎买了土司的耕地。因此官坝苗族的稻作生产方式的传承和这样的历史密不可分。

在历史的发展与沉淀中，官坝苗人对种植有自己的理解。由于当地人多地少，官坝人讲究精耕细作。这里的水源好，水利系统发达，水土保持状况也很好，所以在灌溉方面没有任何困难。而且由于官坝苗人在长期与自然相处的过程中，爱惜土地，保持水土，这里产出的农产品都可以称为无污染的绿色产品。

时至今日，官坝人还处于非机械种植时代，这与官坝的地形有密切的关系。官坝是典型的山地地形，不适宜大面积的机械耕种。

但在种植的方法和品种方面已经有了极大的改变。种植的粮食以水稻为主，水稻种类繁多，如大白黏、贵阳黏、益阳黏、油黏等。此外，糯米还分为黄壳糯、白壳糯等。种植依然是按照节气进行：谷雨下种—小满过后插秧—再过一个月移栽—三四天后下肥—拔草除虫—收割。在这些环节当中，还有许多要注意的问题，如种秧前要先将种子浸泡，待发芽一两厘米后再撒种；栽秧时水要浅，不能用很凉的水，否则秧苗就会长得很慢。

图 18　山脚下的稻田

官坝居民的饮水和生产灌溉用水所构成的水利系统在这里有古老的历史，体现出官坝苗族的智慧。官坝的水利系统由水渠和水坝构成，居民房前屋后的流水有给水和排水两项功能，改变了人们以往比较艰苦的肩挑手提用水方式，节约了劳动力，给当地居民的生产生活带来了极大的便利。

图 19　官坝房前屋后的水渠

　　水渠系统的建设和利用在官坝有着悠久的历史。龙潭的水通过水渠引到院子里供清洗、养殖和灌溉，水渠呈"几"字形流经陆家和夏家两个院子，给人们的生产生活带来了极大的便利。水渠系统尤以夏家院子的设计建设最为巧妙，而且现在有些地方还依稀能够看到过去用天然石头砌成的沟渠痕迹。2006 年，村里组织进行了改水工程，水渠在官坝院子缠绕而过，到达每家每户的房前屋后。人们用这个水渠中的水清洗泥土较多的蔬菜，也可以清洗农具等；人们也用这个水来养猪、鸡等家畜家禽；人们还利用这个水来实现鱼塘蓄水的循环。而且清水流经寨内还有一个很大的好处，就是可以防止以木材为主要建筑材料的房屋遭受蛀虫之害。

　　水坝的调节和水渠的引流构建了官坝可谓四通八达的水利系统，再加上忠建河充沛的水源，官坝苗寨的生产生活用水几乎从未出现过困难。水利系统的利用价值首先体现在水稻种植上，水稻的种植离不开水，水稻的生长仅靠自然的雨水是不够的，还要依靠河水和地下水，在官坝，利用河水和地下水都靠这里四通八达的水利设施。区别于平原地区农业的机械化灌溉作业，官坝的水利设施更多的是结合当地的自然环境，借助自然的力量来引水灌溉。在养殖方面，水利系统的作用也不容小觑，利用这个系统的流水蓄池来养鱼养蚌非常方便，不仅提升了水产品的质量，并且可以节约养殖成本。流水来自自然的水源，营养丰富，可以部分地解决水产品的食物来源，又可以防止静水养殖带来的污染问题。此外，水利系统还有文化寓意的功能。官坝苗族寄托了丰富的情感于水中，他们对龙潭的崇拜与信仰，对忠建河的钟情与热爱，对水渠的利用和保护，蕴含了他们作为历史移民群体的价值追求。

图 20　龙潭溪

官坝苗族在生产中极具智慧，稻田养鱼模式就是他们智慧的重要体现。稻田养鱼是苗、瑶、侗等南方少数民族的古老传统和重要的生产手段之一。官坝苗寨的稻田养鱼模式以水稻为主，兼顾养鱼，这一做法是根据稻鱼共生理论，利用人工新建的稻鱼共生关系，将原有的稻田生态向更加有利的方向转化，达到水稻增产鱼丰收的一种生产方式。在水量足够的稻田里，人们养鱼不仅可以获得宝贵的蛋白质来源，还可利用鱼吃掉稻田中的害虫和杂草，排泄粪肥，翻动泥土促进肥料分解，为水稻生长创造良好条件，一般可使水稻增产一成左右，可谓一举多得。

图 21　稻田养鱼

　　稻田养鱼是一种内涵式再生产，是对有限资源的超值利用。官坝当地的稻田养鱼模式表明，稻田养鱼不仅不会影响水稻产量，还会促进水稻增产。同时，稻田养鱼可以为官坝当地增加水产品供应，丰富人们的"菜篮子"，也对人们改善膳食结构起到了重要作用，还可使稻田少施化肥和农药，节约劳力；最重要的是，稻田养鱼还能促进官坝当地生态环境的优化，增强抵御自然灾害能力。由于稻田养鱼相应地加高加固了田埂，开挖沟凼，大大增加了蓄水能力，有利于防洪抗旱，对环境改善作用还表现为其具有较好的灭虫效果。

　　在长期的生产生活实践中，官坝苗寨形成了一系列与稻作文化相关的习俗，如"草把龙""吃新""打糍粑"等。

　　"草把龙"又叫青苗灯。草把龙系用稻草捆扎而成，再进行一些装饰，形如龙状。玩草把龙在官坝有很悠久的历史，据说最初的起因是由于天旱时节，农民眼看着稻秧就要干死，于是想到拜神求雨，但效果却不明显，寨子里有经验的老人想到了一个主意，就是舞草把龙。由于苗寨所有人都来虔心玩草把龙，龙王被感动了，天降祥雨，庄稼得救。后来，又开始闹虫害，于是草把龙又发挥作用，驱虫保粮。如今，官坝居民年年都玩草把龙，除了最初的驱虫避害的功能外，已经成为一种文化习俗了，每逢节庆，人们都会去玩草把龙来庆祝。此外，在官坝驱虫的方法还有很多，如插枫树枝、扎稻草人等。

图 22　"草把龙"表演

"吃新"又叫"尝新"，是为庆贺庄稼丰收而举行的家庭仪式。用新收获的粮食煮饭，全家人共同享用新米带来的香味，分享五谷丰登的喜悦。当地的老人还有一个有趣的说法，吃新时发现米特别香的话就意味着当年的米特别值钱，否则的话会很便宜。

在我国南方许多地区都有打糍粑的传统，官坝苗人也有这样的传统习俗，当地素有"二十八，打粑粑"的说法。每逢春节来临，农历腊月末，家家都要打糯米糍粑。糍粑一般会做成大小两种，小的大多呈圆形且没有图案，小糍粑做完后，由心灵手巧的妇女再做大糍粑；大糍粑小则三五斤，大则十余斤，一般会在上面印上吉祥的图案，如花草等。大糍粑又叫"破笼粑"，象征"五谷丰登"，可以自己食用，也可以送人，这样能够显示主人家的慷慨大方。

打糍粑是一项劳动强度较大的体力活。一般是青壮年男子汉打，两个人对站，先揉后打，打的时候要使出全身力气，这样才能把米粒打成扯不开拉不断的饭泥，所以即使在寒冷的大冬天也要出一身汗。做糍粑很讲究，妇女用手沾熟蛋黄或熟菜子油，先搓坨，后用手或木板压，这样才能够把糍粑做得美观。

糍粑有很多种吃法。糍粑做成后吃还有一个过程，煮、炒、炸、煎等是重要的方式，但最少见的应该算是烤来吃了。苗家人用烤糍粑待客时，有一个较为特别的习惯，客人吃烤糍粑时不能吹掉上面的炭火灰，这样会被主人家认为客人有嫌弃的意思。此外，官坝苗寨也有正月十五吃汤圆的传统，家家户户都会亲手制作汤圆，用自己的方式庆祝新春的到来。

官坝苗人的祖辈虽然经过精心挑选才落脚扎根官坝这片土地，是官坝的自然条件还有截然不同于麻阳大河流域自然环境的一面，即这里有典型的武陵山区地形，而且山多林多猎物多，因此官坝苗族除保留了麻阳的稻作生产方式以外，还在与自然的斗争过程中形成了一系列适应官坝山地自然特征的生产方式，主要包括畬田、打猎和捕鱼等。

第二节　砍砂——山地生计方式不可或缺的环节

官坝苗人除了沿袭麻阳时的稻作方式以外，还开创了适应当地山区的种植方式——畬田，种畬田在当地也被称作"砍砂"或"砍火烟"。这种方法一直延续了很多年，甚至到了20世纪中期还存在，尤其是在开垦一些从未种过的土地时经常使用。

　　畲田是一种比较传统的耕种方法，把地上的草烧成灰做肥料，就地挖坑下种。具体的方法是用斧头砍伐地面上的树木等枯根朽茎，草木晒干后用火焚烧。这些杂林主要有马桑树、巴茅草、贝子树、乌蒿林等，但已经成林的青山林就不适合开辟作为刀耕火种的地点。以前的官坝人一般是每年农历三月进行砍伐，砍伐过后四五天左右，待砍下的杂木杂草晒干后，再点火燃烧。而且点火的时间也颇为讲究，要在中午太阳大的时候进行，这样是为了使杂木燃烧得较为彻底。刀耕火种这种原始的耕种模式是适应生态环境的结果，如经过火烧的土地变得松软，不再需要翻地；可以利用地表草木灰做肥料，播种后不需要再施肥；畲田一般来讲要在耕种一两年后易地而种，这样对于土地的循环利用特别是在蓄积土壤肥力方面有较大作用。

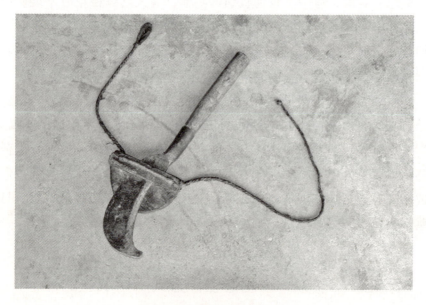

图 23　种植畲田用的砂刀

　　畲田的种植并不是适合所有的农作物。在官坝，当时的人们用畲田种植玉米、荞麦、燕麦、黄豆及粟（小米）等几个农作物品种。种植畲田要遵循一定的程序才能收到良好的效果。种畲田分为以下几个步骤：第一步就是砍伐，一般选择在农历三月进行；第二步是上山点火，天气较好的时候是在砍伐后的四五天来进行；第三步是打渣子，也就是把火渣子清出去；第四步是播种，按照节气选择，在小满过后，用一把小锄头来挖个小坑，再把种子放进去。在播种到收割这一个时期内，至少要进行两次锄草活动，一次是在播种后一个月，一次是在农作物开花时节。

第三节　渔猎——必备的生活技艺

官坝处于大山包围之中，特殊的地理环境造就了官坝苗族一些有别于麻阳祖辈的生产传统。农闲渔猎是官坝苗族的生计方式之一。官坝人有着悠久的渔猎传统，当地有一个说法叫作："山上吃不过百面（果子狸），水里吃不过白鳝。"从这一民间广泛流传的说法当中，我们或多或少可以体会到官坝人一定是吃遍了山上水里的美味，才会得出这样丰富的经验。

官坝苗族传统思想中蕴含极为深刻的生态保护观念。这种观念同样时时处处体现在渔猎习俗中，有经验的渔民和猎户在进行渔猎活动的时候，会在这种观念的指导下选择最合适的方式。比如在雌鱼产籽的时候，渔民是不会下河捕捉的；山上的动物在繁殖期间，猎人也不会去打扰它们。

不论是山中还是水里的动物，官坝人不把动物幼崽作为渔猎对象，在无意中捉到了这些幼小的生命，他们一般会放生。他们猎捕成年的动物，使幼崽顺利成长，这就是当地人所说的"捉大喂小"，这不仅合理保护和维持了当地生态系统的平衡，也增强了当地村民渔猎活动的可持续性。

在渔猎时，经验丰富的官坝人会根据不同地段的特点进行渔猎活动。比如在捕鱼时，他们十分清楚哪个河段有哪种鱼类，因此会有选择性地去捕鱼。据苗寨有名的打鱼高手介绍，"沙鱼"喜欢在水浅的地方活动，细裳鱼只在泉水里出没，娃娃鱼（大鲵）一般栖息在流水奔腾的山涧里等。打猎也是如此，哪个时节哪个山上有野猪，哪里有麂子，猎人们了如指掌。

忠建河水量丰沛，水质较好，所以这里出产品种繁多的鱼类，除了许多常见的品种，如鲫鱼、鲤鱼、白片鱼等以外，还有许多比较特别的鱼类，如鲑鱼、团鱼（即绿乌龟）、白甲鱼、斩龙管（据说该鱼类背上有刺，龙吃它的时候，刺可以斩断龙的喉管）等；这里甚至还有国家珍稀保护品种，如国家二级保护动物大鲵对生长环境的要求非常之高，官坝所在地由于各方面的自然环境比较理想，所以也成了大鲵的一个栖息之地。官坝的渔产丰富，当地人的捕鱼方式更是丰富，使用的工具各具特色。

官坝人用来捕鱼的网一般有两种：线网和条子网。用撒网的方式捕鱼又有两种方法，一种是渔民直接在浅水处下网，捕捉一些喜欢在浅水区活动的鱼类；一种是渔民驾船到大河中去撒网捕鱼。

图 24　渔网

徒手捉鱼需要很高的技巧，而且必须十分清楚可以用手捕捉的种类。可以用手直接捕捉到的鱼一般来讲都是比较安静的鱼类，比如最容易被捉到的一种鱼当地叫"老实鱼"，顾名思义，这种鱼十分老实，即使是被人捉到的时候，它还是不会动；还有一种鱼在当地叫作磨砂缝，从名字里其实也可以猜出一二，这种鱼平时都是趴在沙里的，所以也比较容易用手捉到；还有一种叫作"黄骨头"的鱼也是可以利用这种方式捉到的，黄骨头鱼在整个鄂西南地区都比较受欢迎，被当作鲜美菜肴的主要食材。适合手捉的还有两种不同颜色的泥鳅，一种叫作红泥鳅，即尾巴是红色的；一种叫作黑泥鳅，它的整个身体都是黑色的。泥鳅虽然比较滑，但是它们比较喜欢往泥里钻，因此可以顺藤摸瓜地把它抓到。

钓鱼是一种最司空见惯的捕鱼方式，从几岁的儿童到八十几岁的老翁都可以用这种方式捕鱼，是一种难得的休闲方式。虽然每个官坝人都喜欢也都可以使用钓鱼这种方式来获得食物，但钓鱼其实是个非常有技术含量的工作，能者一天可钓得七八十斤鱼，这个数字还是颇让人震撼的。当地一个钓鱼能手用了八个字来形容钓鱼的秘诀，即"手快眼快，手脚一致"。听起来似乎并不很神奇高深，但真正做起来学问可就大了。

官坝人用来捕鱼的板船不是大型的机动船，是一种较为狭长的小船，多用杉木制成，因为杉木具有质轻而防水防蛀的特点。当然板船本身并不能捕鱼，需要配用网具或其他工具，如钓竿等。在早年，甚至还有的渔民会带上鸬鹚，在官坝，当地人称它为"鱼鹰"或"打鱼郎"。

"照鱼"捕鱼方式只能在晚间进行，捕鱼者在宁静的夜晚，手提自制的松油灯来到河边照鱼。为什么鱼会见光而来，甚至在光下动也不动？当地人有这样的解释：灯光在漆黑的夜晚点亮，会引来无数的蚊虫掉落到水中，这样就成了最美味无比的饵料，因此会吸引鱼群，鱼看到这么多的饵就会开心地享受美餐，所以当被人捉起时还不自知。在照鱼时，有一个特别要注意的问题，就是必须挡住人影，不能使人影出现在水中，否则就会惊走鱼群，空手而归。

官坝人"药鱼"并不是用毒药把鱼药死，而是用当地人在实践中发现的一种可以暂时迷晕鱼类的植物来药鱼，即使人吃了被迷晕的鱼也不会中毒。这种植物当地人叫作"苦缠子"，是一种草药，把它炒干再磨成细面儿，就可以撒到水里"药鱼"了。

官坝人捕鱼的主要目的是自给自足，增加生活资料的来源。所以一般来讲，捕到的鱼首先用来满足生活的需求，当天就成为餐桌上的食料了。在基本需求得到满足以后，如果当时捕到的鱼还有剩余的话才考虑用其他的处理方式，如送人、出售或制成可以储藏的食品。从山上猎来的野物也是先来满足生活的基本需要，然后才考虑出售或制作腊肉。

以售卖来获得收入并不是官坝人渔猎的原本目的，但是由于渔猎的季节多是炎热的时候，食物不能保存太长的时间，当渔猎所得的物品满足了基本的需要之后，在没有时间或条件不允许时才会拿到集市上去卖，虽不会换得很多钱，但也起到了互相接济、互通有无的作用。

官坝苗人称打猎为"赶山"，这个说法的来历与其居住和耕种的环境有着密切的关系，就像海边人们把到海上打鱼称为"赶海"一样吧。官坝所在的地理位置四面环山，似乎是四面被山关起来的一个场坝，好似一个小盆地。这儿的打猎不同于草原旷野地带的策马扬鞭、任意驰骋，而是要到大山密林深处去寻觅猎物的踪迹，所以才被称为"赶山"。在我国其他一些地区也有类似说法，这都是山区狩猎的别称。

打猎在官坝一直是一项重要的活动。打猎一方面可以使即将收获的庄稼免遭野兽的践踏，另一方面可以增加一些食物来源，所以官坝的男子到了适合的年龄时都会参加到赶山的队伍当中。在多年的游猎生计方式中，官坝人使用的打猎工具也是多种多样的，他们会根据不同的猎物选择不同的工具。经常使用的有枪支（火枪、气枪等）、网具（鸟类、体型较小的动物）和夹子等，当然还有一个必不可少的助手——猎狗。

以前，官坝的猎户家中都有一杆猎枪，有的是用沙子做子弹，有的则用真枪实弹。在猎捕小型动物时，比如一般的山鸟、竹鸡等，就可以用沙枪作为工具；在猎捕大型动物时，如野猪、麂子等，就要用真正的子弹枪了，现在用的多是气枪。

网具是比较省力的一种打猎工具，只要把网铺放在猎物经常出现的地带，撒上些诱饵就可以守株待兔了。虽然具有这样的优势，但网具的使用也有很大的局限，主要体现在几个方面：一是适合网具猎捕的对象非常有限，只有鸟类和体型非常小的动物，如兔子等才能用网捕到；二是网具极易被大型动物破坏掉，当大型动物误打误撞冲进事先铺放好的网中时，它们为了逃离和生存，会拼尽全力地挣脱，这样就很容易把精心准备的工具破坏；三是要掌握收网的时机，早了，没捕到，反而容易打草惊蛇；晚了，猎物又有逃走的可能。

对于夹子这种工具，年龄比较小的孩子都会用，它更多的是作为一种辅助工具来使用，下了夹子以后，能够直接捕到的多是山鼠、山兔等小动物，所以经验丰富的猎户一般下夹子是为了先使猎物受伤，然后寻着受伤猎物留下的足迹、血迹等找到猎物，将其捕获。

猎狗是官坝人打猎时必带的，一来打猎时可以依靠猎狗敏锐的嗅觉，帮助发现猎物；二来猎狗还可以帮忙追赶猎物。猎狗是精选出来的并经过一定的训练，因此，并不是每一只狗都可以充当猎狗的角色。用官坝人的说法，猎狗是非常有灵性的"猎手"，比如当打猎时遇到刺猬（在官坝被称作刺猪），刺猬无处可逃时，会整个蜷缩起来，如果狗笨的话，会一口咬下去，结果是咬了一口刺，受到惊吓，以后便不敢再碰此类动物；但如果是聪明的猎狗，它会用腿来踢刺猬，刺猬会因为遇袭起身逃跑，这时刺猬的头就会露出来，猎狗再一口咬下去，就猎到了这只刺猬。看来猎狗捕猎也是十分讲究方法的。

官坝人一般在冬天进行打猎活动，在出去打猎之前要举行祭祀仪式。他们信奉梅山神，在当地的生产生活当中，梅山神逐渐演变成为狩猎神。梅山神本是南方很多民族信奉的猎神，猎人出猎前都要先祭祀梅山神。传说，古时候有一名叫梅嫦的女子，上山打柴，遇到老虎。她在同老虎的搏斗中，衣服被撕破，浑身受伤，但仍拼尽全身力气，最后打死老虎，为民除害。后来人们奉她为山神，加以祭祀。在官坝苗族也有一个传说，有一个打猎者在山中狩猎，到天黑时发现一只麂子跑来，于是一枪把麂子打倒，这时对面山上出现一个老婆婆，呼唤那只倒下的麂子，猎人见状，立即双手合十，放在头上，跪拜祷告，婆婆消失。人们自此对梅山神更加敬畏，不仅打猎要祭拜，砍柴烧炭时也要敬梅山神。猎人打猎回来之后还要进行一次较为隆重的祭祀活动，把三根茅草放在麂子的嘴里，拿来香、纸、茶、酒等祭祀品进行祭祀。

在官坝苗族村寨中有个不成文的规定，或者说是一个习俗，即"山中打鸟，见者有份"。因此，所得猎物并不只在打猎参与者当中进行分配。关于猎物如何进行分配，也有几百年来传下来的习俗，开枪打死野兽的人得其头部，然后再参与剩余部分的分配，凡是路过见到捕获猎物场面的人也可分得一份；在分配的时候还有一些约定俗成的讲究，比如在割野兽头部的时候，要抹顺耳朵后再割，这样割下来的野兽头部比较大，在分配中凸显打中猎物者至上的地位。

一般来说，在渔猎有所收获之后，官坝人都会想方设法地储存一些渔猎后的食物，这个工作大多会由家里的主妇来完成。不同的食料有不同的储藏方法，鱼类一般是通过高温做成干鱼。做干鱼又有几种不同的方法。第一种是晒干，这种方法多用于比较小的鱼，打到鱼之后，在河边艳阳高照的地方，把鱼剖好，直接放到篾席上晒干，基本上一天就完成了。第二种方法是烤干，二三月期间，没有火热的大太阳，靠晒干的方法很难短时间内把鱼弄干，所以渔民家里一般会选择烤干的方法，根据自己的口味可以选择不同的方式，可以原汁原味地烤，也可以把鱼腌好，制成腊干鱼。有的农户家里有烤房，这样就可以直接把剖好洗净的鱼放在烤房里烤；没有烤房的家庭，会把鱼放在火炉或火坑上面烤，还有人直接燃烧松木进行烤制，这样烤干的鱼有一种混合了松香的特殊的味道。第三种方法是炸干鱼，将稍微晾晒了的鱼放进油锅里炸干，这样也可以保存一段时间，但没有前两种方法储存的时间长。一般体型比较大的鱼不做成干鱼，只有在吃和卖之后还有剩余，才会制成干鱼，然后再磨成鱼粉。

图 25　官坝农家火坑熏制腊肉

在山上打回猎物后要将其储存，最好的办法是将其制成腊肉，这也是武陵山区储存肉食品惯常使用的方法。武陵地区昼夜温差悬殊，且终年较为潮湿，这种气候环境不利于食物的保鲜，通过烘干和腌腊可将食品保存更长时间。制作腊肉的方法和程序与过年杀猪时制作腊肉基本相同，先把肉用盐腌好，放置两天到三天，待盐味全部腌进肉里以后，再烤干。然后放在通风干燥的地方保存，一般可保存一年左右都不会变质变味。在官坝苗寨家户的火塘上方，经常可以见到挂满火塘的腊肉，其中不乏"野味"。

第四节　印染与刺绣——尽显生活本色

稻作文化是官坝农耕文化的重要组成部分，是官坝苗族沿袭麻阳传统的最突出表现，与此同时，官坝人在生产过程中又形成了许多适应武陵山区地形的生产方式。官坝苗族的生产方式当中还有一种特别的组成部分——手工业。苗族本来就是一个心灵手巧的民族，他们精通各种手艺，在落户官坝以后，又受到其他民族文化，尤其是土家文化的影响，形成了一套具有混溶性特征的手工业生产方式。在传统社会中，官坝苗族日常生活中需要的手工业产品基本上可以做到自给自足。

从前，对于官坝人来说，纺纱织布就像种粮种菜一样，是生活的基本组成部分之一，因为当时的商业并不发达，穿衣戴帽问题还是要靠村民自己解决。当地也有利用闲散时间从事织布工作的机匠，主要是为了满足没有织布机的家庭用布的需要，机匠会按布匹进行收费，当然每匹布的长度等规格是确定的。他们依靠传统的方法进行纺纱织布，织出的布在当地被称为土布，是棉花的自然颜色，一般会因棉花的质量不同呈现为白、乳白、黄白等颜色。织出的布一般不会直接做成衣物，要先送到染房上色后再制成衣物等日常用品。如今，这些纺纱织布的技术大都失传了，只有比较年长的老人还依稀记得，有几家还保留着当年的纺车和织布机，破败中尽显沧桑。

图 26   纺车

　　从事印染业的手工作坊以前在官坝被称为"染坊"。在可以追溯的历史中，官坝朱姓人家开着当时满足官坝居民染布需求的染坊，是一种家族式经营。据这户朱姓人家还健在的老人介绍，"朱家在新中国成立前就开办了染房"，新中国成立后朱姓后人承袭家族传统继续经营，在"文化大革命"期间，经营被迫中止。直到后来，虽然政治环境和市场环境发生了变化，但由于诸多原因，朱家没有再继续从事这个行业了。新中国成立前，染坊主要为当地居民染布，面对的消费者是个人或家庭；新中国成立后到结束经营前，主要是为集体染布，通过从事染织获得"劳动工分"。

　　染布有比较严格的技术和程序要求，从染料的选择、制作到染布的工艺都是技术含量很高的工作。首先是染料的制作，并不是所有的染料都靠开染坊的人自己来制作，因为染料作物的种植需要大量的土地和人工投入，当时的朱家染坊劳动力在满足染布的需要之后没有太多的富余，而且也没有那么多的闲置土地可以利用，所以他们自己会制作一部分的染料，余下的部分通过收购老百姓零散种植的和购买的来补充。当地人把染料称为靛，靛有"土靛"和"快靛"两种，土靛是当地百姓自己栽种并制作的靛，而快靛是从市场上购买而来的，在染匠心目中，土靛的质量是明显好于快靛的。一般情况下，染一匹布需要三斤靛，但也会因为布质的不同而有所不同，如百姓自己织的土布，在染坊被称作季布，每匹布需要三斤靛料；而客布，即由小贩子贩卖的布匹，由于质量相对较差，所以一匹只需二斤多靛料。其次是染布的过程。从把布放入酸缸到染成，有一套标准的程序。染坊内设有三个大缸，每个都大到需要两三人才能合抱，这三个大缸分别是酸缸、染缸和摆缸。所谓酸缸，是放置酸水的大缸，酸水的作用是把待染的白布先放入泡透，以便更容易上色。酸水的制作比较容易，把一些温水和冷水混合到一起，几天后就变质成了酸水。第二个是染缸，这是染布过程当中最关键的工具，也是决定染布质量的关键一步，一缸水可以染季布十二匹，客布十五匹。第三个就是摆缸，里面盛的是清水，把染好的布放在里面用清水摆好，然后再用碾子碾平，用竹子将布上的水刷掉，晾干后就完工了。此外，还有一个必备的过程是收货取货。一般收货的方式有两种：第一种是需要染布的人将白布直接送到染坊，另一种是每逢赶集的日子，染坊会有一个人专门到集市上摆摊收货放货。收好的布会用毛笔写上名字，然后用线紧紧地捆在布上以示标记。

图 27　表演绣花艺术

手工绣花艺术是多数官坝女子必须掌握的一项基本技能，她们会在自己及家人的衣物上面绣上美丽的图形，表示一些美好的祝愿。图案通常会绣在衣袖、帽子、裤脚及鞋垫上，用来装饰，这些绣花的技术是通过祖辈言传身教而传承下来的。如今的民族服饰上还保留着这些绣花的传统，日常身穿的衣物不再绣花，但这个艺术并没有失传。前几年，官坝还有一家"田大姐绣花鞋厂"，绣花鞋厂专门制作纯手工绣花鞋，所用的技术主要是祖辈流传下来的。

第五节　酿酒——自给自足生产方式的补充

官坝人酿酒的主要目的也是自给自足。官坝几乎每个家庭都会酿造几种酒，如苞谷酒、南瓜酒、甜酒等。酿造得最多的也是目前工艺保留和改善得最好的是甜酒，甜酒也叫作米酒，是用糯米酿制而成的。官坝人所酿的白酒多以含淀粉物质为原料，如高粱、玉米、大麦、小麦、大米、豌豆等，其酿造过程大体分为两步：首先是用米曲霉、黑曲霉、黄曲霉等将淀粉分解成糖类，称为糖化过程；其次由酵母菌再将葡萄糖发酵产生酒精。官坝当地酿制高粱酒则用高粱、水果、乳类、糖类（糖蜜、甘蔗、甜菜）、谷物等原料，经酵母菌发酵后，蒸馏得到无色透明的液体，再经调兑，制成含酒精浓度高于20%的酒精性饮料。

图 28　家庭式酿酒作坊

第六节 匠艺——生活的升华

官坝苗族衷情银饰，他们用银制作菩萨帽（小孩子戴的，祈求吉祥如意，平安成长）、各种饰品（戒指、耳环、手镯等）、生活用品（烟袋、烟杆等）。银产品的加工有专门的地点，当时被称作银铺。银铺的收入主要来自为居民加工时收取手工费，有时候也可以提供原料。当地原来有个赫赫有名的杨银匠，名叫杨绍震，是当年龙坪的传奇人物。

图 29 苗族女子头戴的银饰

铁匠在官坝是一个古老的职业，他们以铁为原料，靠一把小小的铁锤打造出各式各样的生产工具和生活用品来养家糊口。铁匠的主要工作是为官坝的百姓打制一些农具和家用物品。其中农具主要有铁犁、锄头、镢头等，家用物品有铲子、火钳、铁锅等。在传统社会中，官坝铁匠一般都有一个自己的铁匠铺，有一座用来煅烧铁坯的火炉，在火炉的连接处有一个大的用手拉的风箱，主要用来控制火的温度和力度，一般称为掌控火候。火炉所用的燃料有木炭和煤炭，对木炭和煤炭的要求比较高，100公斤煤炭中只有十来公斤煤可以用来打铁，能够打铁的炭叫"铁炭"。一个铁匠一般会带一个到两个学徒，学徒的主要工作是用一把比自己师傅大出五六倍的大铁锤，帮助师傅把用来制作工具的被炉火烧红了的铁毛坯打成所需的形状，在最后工具成形阶段就由师傅来完成。铁匠用来打铁的工具常见的有小铁锤、大铁锤、铁夹（用来夹烧热了的铁坯）、砧子（铁匠打铁的平台）等。此外，铁匠还会一些修补的技术，当铁制农具和物品损坏的时候，人们可以送到铁匠那里进行修补。

图 30　官坝生产的铁器

木匠在官坝是一种古老的行业，现在还有从事这方面技艺的木匠师傅存在。例如，官坝当地的曹家木匠曹广武，现年 72 岁，他从十几岁就开始做木匠，现在依旧从事这个行业。他父亲也是木匠，可谓木匠世家。他几乎可以制作所有类型的家具。官坝当地木匠以官坝山上的各种木材为材料，他们伸展绳墨，用笔画线，后拿刨子刨平，再用量具测量，制作成各种各样的家具和工艺品。木匠是官坝不可缺少的一种匠人，因为当地的建筑多以木质建筑为主，如居住的吊脚楼和转角楼、河上修建的风雨桥等。官坝木匠从事的行业是很广泛的，他们不仅可以制作各种家具，在建筑、门窗装饰、棺材制作等方面也离不开他们。

图 31　忠建河上的风雨桥

官坝当地木匠除了会修屋建桥以外，还会做很多细致的木工活，如打家具，尤其是他们制作的椅子，非常精巧。一般的木匠还会漆工，在木工活完成之后，将其涂上漆，增加家具的美感和实用性。

石匠是官坝最传统的手艺人。石匠从事的工作，主要是将采集到的石料打磨成镌刻有文字的石碑。现在官坝当地还有许多流传几百年的碑文，许多精美绝伦的石刻器具，许多精巧的宝石雕刻。石匠对官坝碑刻文化传承起到了功不可没的作用。在经济不甚发达的年代，官坝苗族家里用的小到装盐的罐罐，大到盛水用的水缸，都用石头打制而成；境况稍好的家庭有人去世后，还要打一方墓碑。不过，随着时代的发展，更多现代化的材料和技术引入，石匠在官坝正在逐渐淡出历史舞台。

官坝传统住宅的屋顶多用青瓦铺成，所以瓦匠在这里也是一个不可或缺的职业。新屋修建时需要瓦匠，旧瓦翻新时也需要瓦匠。在一些大户人家，新屋盖好后，还要把瓦楞、屋檐等做得精美大气，这时他们会要求瓦匠在瓦脊两头刻莲花、龙头。大户豪宅更在瓦上塑些神话传说人物，所以瓦匠也要求多才多艺才能胜任。

篾匠在官坝也是一个古老的职业，现在仍然有以此职业为生的篾匠存在。官坝当地篾匠主要制作竹篓，而竹篓有多个种类，如菜背篓、赶场用的细背篓、收稻谷用的箩筐、鱼篓、菜篮、簸箕。除此之外，还有用竹子编织的睡席、晒席、凉席。其中，制作睡席用的竹子一般用楠竹、金竹，因为楠竹相对是最粗的；还有斑竹、水竹、苦竹、迟竹、百竹。

官坝当地多各种山竹，为编织材料提供了便利。不仅如此，当地民众也有对编织产品的大量需求。官坝当地多山，人们登山、带小孩都需要有背篓装载，而且下雨时还需要戴硕大的斗笠挡雨。随着近几十年来当地对于塑料制品较为广泛的使用，官坝篾制品的生产和使用相对以前传统社会有所减少。但是，近年来随着人们环保意识的增强，篾制品又逐渐有了一定的市场。现在篾制工艺品在官坝当地仍然很受人们的欢迎。

图 32　正待出售的竹器

图 33　当地篾匠正在制作竹背篓

官坝当地一般农民也都或多或少地会一些篾织的手艺，用来满足日常生活所需。手艺精湛的人被称作篾匠，专门编织些家什出售赚取家用。他们采用的原料主要是竹子，用刀将竹子剖成各种形状的篾条，再根据人们对物品的要求进行编织。篾匠经常编织的物品有背篓（这是苗人生产和生活必备的工具之一）、晒席（用来晒粮食及其他食物的）、睡席、凉席、簸箕、筛子、草帽、斗笠等。

第 四 章

官坝苗寨的传奇故事

官坝具有很多充满神奇色彩的传说，这些传说是官坝苗族智慧的结晶和本土民间文化的精华，通过这些传说可以了解官坝移民苗族的历史境遇以及精神追求。

文化延续的一个重要方式就是通过历史传承来实现，官坝苗族的迁徙经历让他们意识到牢记自己民族根源的重要性。官坝苗族传统文化积淀厚重，形式多样，而官坝苗族诸多民间传说总是与一定的历史人物、历史事件、地方古迹、自然风物和社会习俗有关，包含了某种历史的和现实的因素，具有一定的历史性和现实性特点。官坝苗族民间传说尽管有对真人真事的艺术化，历史人物的附会与捏合，甚至有完全虚构的内容，但它表现了下层民众对历史、对生活的某种理解、追求和幻想，反映了下层民众的思维方式及价值观念等，具有丰富的文化意蕴。

"一个有故事的民族，才是一个有未来的民族。"作为近年来才被人熟知的官坝苗寨，还不仅留存了关于苗族的族源传说，祖先英勇征战的故事以及家族艰难迁徙历程的印记，也有属于它自己的传奇故事。在当地，我们听到最多的是关于伏波的传说、土王的故事、神兵的故事、贺龙的故事以及其他一些关于和族、庙宇神仙等亦真亦幻的趣事。

第一节　伏波的故事

　　"伏波故事"是官坝苗寨民众对社区族源形成和更迭的神话化阐释，传说极力美化、神化族群共同的祖先，并通过历史名人彰显故事的真实性。伏波传说在官坝苗寨老少皆知，传说的内容丰富而广泛，但中心主题都是强调马伏波是陆氏祖先的救命大恩人。而官坝的"伏波庙"则自官坝苗族从湖南麻阳迁徙而来后就由当地人建造，就是为了纪念官坝陆氏祖先的救命恩人马伏波。虽然伏波庙在"文化大革命"时期被毁，但它在官坝民众尤其是当地老年人的记忆中仍然存在。

图34　神化的伏波

　　历史上，中国较早的伏波庙始建于东汉后期，至今已有近2000年历史，是为了纪念东汉名将马伏波而建。马伏波，汉族，名援，字文渊，史称"马文渊"或"马新息"，汉扶风茂陵（今陕西兴平）人，生于公元前14年（汉永始三年），卒于公元49年（汉建武二十五年），享年63岁。马援是东汉著名将领，著名军事家，东汉开国功臣之一。他出身将门世家，少孤且逢乱世，漂泊半生。

王莽新朝末年，马援为新成大尹（汉中太守）。公元28年（汉建武四年），受隗嚣派遣，得遇刘秀。归刘秀后，参与攻灭隗嚣，屡立战功。东汉建武十六年（40），交趾（今越南）女子征侧、征贰姐妹起兵反汉，攻占九真、合浦等六十余城，并自立为王，东汉朝野为之震动。公元33年（汉建武九年），马援被刘秀拜为太中大夫，参赞军务；公元35年（汉建武十一年）被拜为陇西太守，治陇六年，政绩卓著。公元41年（汉建武十七年）拜为伏波将军，艰苦卓绝，经略岭南三年，因功封为新息侯。东汉建武十七年（41），光武帝封马援为伏波将军，令其统率十万大军，南征交趾。

图35　伏波铜像

之所以封为"伏波将军"，是因为古时凡有水战的地方都用"伏波"的名称。历史上有多位人物被授予"伏波将军"的称号，最著名的伏波将军就是东汉光武帝时候的马援。

战国时期，各国多以卿、大夫领军。秦置将军，掌征伐战斗，往往事讫即罢。汉初承秦制，虽设将军，但不常置。至汉武帝时，战事频仍，将军广置，名位最高的是大将军、骠骑将军、车骑将军、卫将军，其次是前、后、左、右、中将军，还有名目众多的封号将军，如强弩将军、拔胡将军等。伏波将军即是众多封号将军中之一号。

马援一生戎马，南征北战，功绩卓越，深受民众爱戴。所到之处，他遇山开道、逢水架桥、兴修水利、开展农桑、修建城郭、治理郡县。在民众的心目中，马援不仅是安邦定国的战将，还是惩恶扬善、镇妖避邪的"伏波大神"。因此，全国许多地方都建起了供奉马援的庙宇。在从湖南麻阳迁徙而来的官坝苗族陆氏后人心目中，伏波将军马援不仅是民族英雄，是安边定国功臣和在本土传播农业文明和中原文明的可歌可泣的武圣、先贤，更是他们陆氏祖先的救命大恩人。官坝苗族祭祀的伏波庙、伏波神，几百年来在官坝苗寨曾长期香火鼎盛，经年不衰。

据官坝当地老人回忆，官坝曾经存在的伏波庙分上下两进，中有天井，雕梁画栋，左右两侧各有厢房三间，前殿奉有关帝像，后殿为伏波将军塑像，金铠金甲，右手举鞭，两目圆睁，栩栩如生，官坝苗民焚香礼拜，香火旺盛。世事变迁，现在官坝伏波庙已不见原型，唯有关于伏波记忆仍留在移民苗族的心中。

说到官坝苗族陆氏祖先与其救命恩人马伏波的故事，则是一段传奇。陆氏认为自己的祖先叫陆房六，后人也称陆象山。陆房六为汉朝人氏，祖籍江西青田县，曾在金溪县为官。官至太尉后，深受当朝皇帝的器重，可家人一直住在金溪县，金溪县距朝廷有千里之遥，他每天都用"腾云鞋"和"缩地鞭"腾云驾雾回家，因一次不能上朝使皇帝认为其有谋反之意，后得马援相助才得以洗清谋反之冤。

为了纪念救了祖先的大恩人，陆氏在官坝修了一个庙供奉他。伏波庙修建于何时，现无从考证。伏波庙也在新中国成立后"破四旧"时期遭到损坏，不复存在了。而今伏波庙遗址清晰可辨，现在的伏波庙遗址在陆氏大院内，其地势高出大院，四周有密集的房屋。伏波庙从前的兴旺我们无法重拾，但老人们至今还有挥不去的历史记忆。据陆家大院的老人们回忆，庙里曾经不仅有大鼓钟磬，门口还有站将，庙里还有人发治病用的药水，"神兵"也在这里训练过。每年正月的庙会，平时家族开会，都在这里，那时各家都带上好吃的食物供奉菩萨。老人还依稀地记得庙里的柱子上有半副对联"东汉英雄第一人",至于另一半联是什么,已无法寻拾。陆家世世代代都供奉伏波菩萨,住在伏波庙旁的陆留香老人更是亲眼目睹人们在这里"烧了几十年香"。即便是现在,逢年过节,家里的猪头都要朝伏波庙的方向摆放。

流传于官坝苗寨的传说有更多的捏合和附会,给我们留下了较多想象的空间和丰富的文化信息。当地村民认定自己的鼻祖是历史名人陆象山,对于这一点,在陆氏族谱中也可以得到印证:"……生六子,季九渊,字子静,号象山,谥文安,吾之鼻祖也。数传至我希颜公,由抚州金溪徙湖南宝庆、邵阳,旋徙辰州、麻阳,居石硺溪之陆家湾。"而历史上的象山姓陆名九渊,字子静,号存斋,汉族,抚州金溪(今属江西)人,生于南宋绍兴九年,距北宋灭亡仅三年,是南宋著名哲学家、教育家,与当时著名的理学家朱熹齐名,史称"朱陆"。陆九渊是中国"心学"的创始人。明代王阳明发展其学说,成为中国哲学史上著名的"陆王学派",对中国心学产生深远影响,被后人称为"陆子"。陆氏家族出身豪门,其八世祖陆希声,博学善属文,是著名的书法家。陆象山被官坝苗族奉为祖先,兴许有较多的附会,但这种附会对于陆氏家族的发展起到了积极作用。

事实上,官坝苗寨村民从麻阳迁徙之前,他们不仅敬奉伏波,而且还信奉盘瓠,两者都被列为他们的祖先系统,他们把伏波庙与盘瓠庙等同。至今,在麻阳苗寨,村民家把他们视同自己祖先在庙宇并排供奉。然而,当苗寨村民从麻阳迁徙官坝后更多的是信奉伏波,不仅仅把他当作祖先的救命恩人加以敬仰,同时,随着历史的变迁也认同他是本族群的祖先,是可以保佑他们生活中一切的神灵。

关于祖先的传说,映射了官坝苗寨人的社会心理。很明显,传说有很多的虚构。事实上,这两个历史名人陆象山和伏波出生于不同的朝代,而且相隔久远;在传说中还强调皇帝昏庸和杀戮,在清初因明末战乱，全国各地人口流亡现象十分严重。为了解决"地荒民逃，赋税不充"的状况，顺治、康熙两朝大力推行奖励垦荒的政策，规定无主荒地"开垦耕种，永准为业"。这些政策对稳定社会秩序，安置流民起到了积极的作用。苗族在社会历史发展中，清代王朝的招垦政策也是促使其迁徙的原因。在传说中借助历史名人伏波与陆象山来虚构祖先历史，虚构皇帝的猜忌昏庸、残暴杀戮事件，这既是对苗族历史遭遇的写照，又是为建构村寨家族分支手足情建构拟血缘亲属关系，以此作为强调社区内部认同、促进社区团结的途径。同时，彰显社区民族的历史文化特征，造成该族群与他者的区别，借此摆脱族群的蛮夷身份，反映了他们融入主流社会的心理需求。官坝村寨很多村民对于自己的民族成分很模糊，许多人以为自己是汉族，少部分人以为自己是土家族，由此我们不难看出官坝苗寨不仅要建构村寨认同，还要强调他们自以为的村寨一体性，苗寨现今大都仍保持着聚族而居，有陆家院子、夏家院子等几大宗族，形成以血缘为主兼有地缘性质的村社居住单位特征，在宗族内部，讲究辈分和长幼之序。

苗寨先民在迁徙中伴随伏波传说、伏波庙的虚构和建构从此迈开了苗族人在官坝初兴的第一步。

第二节　"土王"的故事

翻开苗族历史长卷，我们不难发现，苗族曾经的历史遭遇不仅促进了苗族内部的同一性和凝聚力的日益增强，这些历史遭遇也使苗族社会经济文化发生着急剧的变迁。流传于官坝的土王故事正是苗寨人历史遭遇的反映。

200多年前，龙坪的土王姓蒋，住在蒋家湾，在陆氏等几大姓氏从麻阳迁来之前就已经存在。他是土司，是官坝这一带的"土皇帝"。土王凭借他先来的优势以及朝廷的政策，充当起当时龙坪的地头蛇，占山为王。

土王有很多特权。每当逢年过节的时候，土王强求老百姓把家里最好吃的东西都送给他，送少了或是送差了，都会遭到他的一顿臭骂甚至是毒打。不仅如此，他还用繁重的苛捐杂税盘剥穷人，无恶不作。当地老百姓对他很是不满，便产生了想杀掉他的念头。但是土王凭借其强大的政治权力，拥有很多卫兵，这些卫兵其实也是他的家丁、保镖。其中，祝豹就是他最有力的保镖之一。官坝村民是这样形容祝豹的形象的：他身材高大，满脸络腮胡子，皮肤黝黑。他极有正义感，了解穷人的疾苦，常常私下里接济穷人。祝豹对土王的行径早已痛恨，他联络穷人准备在腊月三十上午，里应外合，每家每户以"菜刀"为号令起义。他们约定在架间沟杀死土王，由于土王警觉性较高，防备森严，未能成功。当天下午，土司去宣恩平地坝撒石坡拜祖路途中，悄悄尾随其后的穷人们在"菜刀"的号令下围堵了土司，土司仓皇逃命，早已准备好的祝豹拿起一包沙子出其不意地顺手撒进土司的眼睛里，土司眼睛被沙子蒙住，一下子被蜂拥而上的穷人给"耐活"（杀死）了。此外，对于土司的死法还有另一种说法：群众起义的那天，以祝豹为首领的百姓把土王撵到田沟，用两人抬的大铜将其杀死，后来该地就改名为"架铜沟"。而且据官坝当地文化精英陆承志老人的说法，在同一天，龙坪近处耿家坪的老百姓也起义杀死了另一个土司。

关于土王的故事还流传着另一个版本，土王叫蒋仕槐，100年前在汉阳当官，官至学府大人，是当时龙坪最大的官。他不仅不坏，而且是一个很有文采的人，做了大量关于龙坪的诗，比如对人头山，他作了"万峰山岭独昂头，俯视河坪不记秋"的诗句。关于蒋仕槐的逸闻趣事，至今老人们还能说得有头有尾：蒋曾和陆家的祖先开亲，陆耀鹏是蒋的学生，他们经常一起出游、饮酒作诗。一日醉酒后，蒋作诗骂陆耀鹏，惹恼了陆，于是陆趁着酒兴还击他"草顶将军非真仕，木雕鬼头是假人"，这句诗中包含了蒋仕槐的名字，蒋听了连说"好"，其实心里早就气晕了。

至今，官坝苗寨村民对于土王及土王故事较伏波传说、伏波庙来说，显得较为模糊，只是部分老人的一些不同版本的说法和星星点点的零散记忆。然而，土王（土司）曾在这片土地拥有更多的权力这一点，村民们特别是老人们深信不疑。现在，当地"毛子野菜馆"的老板就颇为自豪地说自己是祝豹的第八代后人。龙坪地方文人胡德政根据田野采风创作了《祝豹除土司》等叙事诗歌。据考察及老人们的记忆，龙坪河对面土城墙遗迹就是清朝年间留下的，老人们认为在当时此处是一个土王堡，现其地名就源于此。有的老人还确认土王的坟墓也在当地，且都是空坟。大约在六年前，陆承志引领一批学者去那坟墓勘察过，现今，那座空坟仍给村民留下了许多悬念，可随着时间的流逝，人们逐渐淡化了对它的神秘感。

然而，土王故事的确反映了苗寨人曾经历的一个时代，土王故事折射出苗寨人由于长期迁移、离散，使该民族在历史上长期从属于所在地区的其他强势民族，并被动地卷入所在地域社会体系中。在历史发展的进程中，苗寨先民并不甘于历史现状，为获得更多生存空间而努力，特别是土地资源的争夺、开发和利用，在苗族发展变迁过程中成为主导。在土司制度下，土司既是政治上的最高统治者，又是各自区域内最大的封建领主。他们掌握着整个土司地区的土地所有权，至于成熟之田，土官多择其肥饶者，自行种收，而广大土民则没有土地或只有零星掎角之地。在土司境内，所有的山川田地在所有权上都归土司所有，他们可以任意支配土地。肥沃田地均为土司所占，次者归舍把、头人等，土民则只有零星瘦瘠之地。土司经过明末清初以来不断的战乱动荡，至康熙中、后期，随着清朝政权的巩固，国家稳定兴盛，诸土司也相应出现了一个持续发展的阶段。土司在境内实行苛虐暴政。土司自恃有实力颇强的土兵，往往向外进行扩张，尤其与邻境流官辖区之间，时起争端。土司还在辖区以外的地区，大量购置土地。清代土司扩张，除零星的掳掠财产等外，较集中的是土地争议。在土司境内，正是土司对土地资源的霸权和掠夺，更加促使苗民对土地资源的争斗，甚至采取极端的方式，官坝传说中的土王故事无不反映出这一历史遭遇。官坝土王故事中的土王就是土司制度下的霸占良田的代表，以祝豹为首从策划到最后谋杀土司，反映了苗民屯田开垦到生存空间的争斗这一社会事实。同治版《咸丰县志》载："……二十一年，所官全罢世袭，军屯废弛，而土司豪强，益为民害。康熙五十四年十二月，大田掌印军民守御所钮正己，因汉、土互争田地案内，土司恃强侵占，钮断令土司退出所占，而令汉民备价赎取，铭钟纪案，今存兴国寺……"[1]"第巨条重案，人心叵测，日久变更，土司又起争端，谨纪案铭钟，永垂不朽焉尔。合计断退之业：一蒋世振、黄金环、陆、谭、李、赵、杨、滕、曹等姓，赎回施南司，退出龙坪屯。"改土归流以后，在流官政府的帮助下，官坝苗寨村民不仅获得了土地资源，同时他们很珍视土地资源，对土地资源进行了充分利用和开发。

第三节　"神兵"传奇

至今，官坝苗寨仍然广为流传着"神兵"的传奇故事。官坝的"神兵"起源于本县黑洞"精灵宫"。1920 年，靖国军陈绍集团某部 30 余兵从利川到黑洞，命黑洞农民立即交出军谷 96 石，军饷 5400 吊，声称逾期不交以匪论处，遂激起民愤。黑洞精灵宫总理王锡九开坛降神，于 10 月 2 日清晨，命祝儒均（苗族）、刘清太（土家族）带领数十名农民，击杀靖国军十余名，余敌做鸟兽散，于是民心大振。10 月 20 日，王锡九集众，正式组织神兵武装。12 月 16 日，神兵 700 余人攻克咸丰县城，歼南军 200 余人，从此声威远播。在黑洞神兵影响下，宣恩、来凤、利川、恩施等地农民也纷纷组织神兵。1918—1949 年，在鄂川黔湘四省接壤的民族地区，土

---

① 《咸丰县志》同治四年版，咸丰县志办 1983 年重印。

家、苗、侗、汉等民族农民相继发动了100余次规模不等的神兵起义。辛亥革命后，鄂川黔湘边区成为地方军阀盘踞和争夺的重要地区。军阀部队每到一地，筹粮募款，掳人掠物，抓兵拉夫，农民不堪重负，四离逃散。1928—1930年，蒋介石先后收编各派军阀，确立了对鄂川黔湘边民族地区的反动统治。此后，国民党以"整顿后方，训练新兵"为名，设立"湘鄂川黔边区公署"，打着"开发四省边区"的幌子。军阀、国民党地方当局大肆搜刮民脂民膏，苛捐杂税多如牛毛，甚至猪牛病死也要交半税，过桥要交过桥税，晒衣要交太阳税。

由于军阀、国民党的反动统治和残酷压榨，尤其是战乱无常造成一些地方空防，地痞流氓遂乘机胁迫生计无着的破产农民和手工业者啸聚山林，铤而走险，以致土匪横行，肆无忌惮。乘时而起的还有团防，团防本因自卫而立，但在土豪政客的操纵下"擅设公堂、管理诉讼"，有的团防本身就是暗匪，烧杀劫掠、无恶不作。在军阀、官僚、地主、土匪四位一体的血腥统治下，广大的土家、苗、侗、汉各族人民揭竿抗争。

时过境迁，在官坝苗寨，村民对"神兵"有很多的记忆，对于"神兵"是一个什么性质的组织，当地老百姓也有不同的说法。其中最具普遍性的一种说法是，神兵发生在新中国成立前，活跃于国民党时期30年代初到40年代初之间。"神兵"是一支很神奇的队伍，用官坝当地村民的话讲，可谓"刀砍不进，火烧不死"，用任何武器对付"神兵"都无用，只能用生擒的方式才能捉住他们。村民据自己祖辈和父辈口传，当时龙坪神兵每次打仗时都去宇王宫敬菩萨，以求得神明的保佑。当时的宇王宫很大，供奉着大大小小的菩萨，平时也有人在里面炼丹炼药。神兵老寨一战，死了二三十个神兵，都被砍去头，无从辨认。当初有大约1000人的队伍，由官坝各姓组成。当地村民认为"可以说他们是好的，也可以说他们是坏的"。说他们"好"是因为他们成立之初打着"联英会"的旗号，联合各路英雄豪杰，反官府、反白军（国民党），神兵杀靖国军（国民党）的时候，"砍他们的头像砍瓜一样的"。老寨一战后，神兵兵力分散，除了部分被贺龙收编以外，其他的被土豪劣绅操纵和给养，成为匪化神兵。也有村民坚持认为"他们肯定是坏的，抢、偷都干，犟起来就杀人，无论是好人坏人，神兵就是土匪"。他们平时就敬菩萨，还要磨刀、喝鸡血。据官坝的夏家婆婆说，后来在反神兵争斗中，龙坪就死了好几个当家人，夏家院子、龙坪街上、新屋场都有人死于那次战役。老人的二叔就是在反神兵中死去的。

以前神兵大多都在龙坪的马落岩训练，他们奉行一种"癫子式"的训练方法，即乱打乱杀，无论好人、坏人都杀。但他们训练却很有组织，神兵专门请了一个外地师傅教他们练功，尤其是所教的轻功更为厉害。来凤也有一支神兵，有1000多人。来凤神兵企图把龙坪当作自己的地盘，为争夺地盘两支神兵在老寨交火。据当地一位老人回忆，他的父亲和叔叔都是神兵，而他的叔叔就是在两支神兵地盘争斗老寨战役时死去的。他的父亲神功厉害，他在七十多岁的时候，还能飞上屋顶拿下脸盆洗脸，洗完脸也能把它放回去。据官坝陆家院子一位陆氏老人回忆，当年伏波庙里住的三千五飞崖兵（也叫乌鸦兵）就是神兵，他们能飞起来打子弹，命中率很高。当时战乱的时候，老百姓弄不清状况，一会儿说是神兵来了，一会儿说是国民党来了，老百姓也不知神兵是好是坏，反正看见兵了就到处躲。后来，也有老人猜测，神兵、红军、国民党可能是三支不同的队伍，神兵有可能是属于红军的。据老人回忆，神兵出现时，共产党还没有到龙坪，白军（国民党）住在马河坝，奸掠烧杀无恶不作，后来准备剿龙坪，结果被神兵打跑了。当时的神兵主要在伏波庙里练兵，成立了"联英会"，相当于会馆，每天都集中操练。使用的武器主要有枪、马刀、双簧刀等。他们平时炼丹炼药，靠道士化的"福水"维持神力。练兵时相互用马刀砍的方式进行，但都没能伤及他们的皮肉。他们为什么有这么大的神力，主要得益于喝了"福水"。这位陆氏老人的叔叔、哥哥都曾是神兵，喝"福水"、信迷信。神兵练兵打仗全靠"福水",神兵在老寨与白军交战,神兵会集当地老百姓,兵分三路对白军进行围攻。后来因为战争持续的时间过长,没有过多的"福水"可以喝,神兵打得很心烦而战败。老寨中牺牲的神兵都被砍头,只好凭他们穿的衣服和身体上的记号予以确认。老寨之战后神兵就散了回到各自家里。

关于神兵,至今还流传着一些神奇故事:神兵打仗时有个规矩,那就是不能贪财好色,否则就要遭到菩萨惩罚致死。当时来凤的神兵头目叫尚明忠,他在战前说"只要打赢这场仗,我什么都不要,只要一夫人",那一仗果然顺利,当他把夫人扶上马时,就被后面不明不白的一枪击中。还有一次,神兵在夜里攻打靖国军,为了不误杀自己人,神兵事先约定每人在手臂上系一条红丝带。结果这个点子被对方识破,他们也在手臂上系红丝带。幸亏得到菩萨的保佑,让神兵发现得早,他们及时改换暗号,红丝带改为草绳,结果打败靖国军。

在官坝苗寨,由于神兵产生在独特的时空坐标中,产生了许多历史事件,给人们留下了许多口传的神兵传奇。当我们在重拾这段记忆时,我们发现在官坝人心中围绕历史事件背后的主线是神兵争夺地盘。然而,当我们纵观这一历史背景,我们深刻认识到这其实是官坝苗寨社区在军、官、地、匪血腥统治下,苗、土家等各族人民的觉醒,不甘剥削和压迫,追求民主与平等,争取政治资源的斗争。

1919年以来,鄂川黔湘边民族地区神兵斗争风起云涌,时断时续,一直延续到1949年。现代鄂川黔湘边民族地区的神兵运动是一种借神而起的自发的农民运动,它同其他自发的农民运动只有形式的差异,没有本质的区别。但它比历代农民运动都幸运,许多神兵在中国共产党的改造下,投入革命洪流。1928年9月,贺龙在给中央的一份报告中指出:"施鹤农民神兵化了,我们对神兵领袖必须采取分化政策,吸收其下层觉悟的群众;成为党的群众,对于佃农和雇农分别加紧工作。"(《关于湘西北湘西特委的合并红军的成立石门暴动的经过及今后的任务》，给中央的报告，1928 年 9 月。）1928 年 11 月下旬，贺龙率红四军（当时仅 91 人）到宣恩、咸丰、利川等地争取神兵群众。1933 年 7 月，贺龙、关向应率红三军军部及九师在来凤、咸丰、利川、桑植、龙山一带活动。

1933 年 8 月，红三军军部及九师进入咸丰，贺龙修书给黑洞神兵少壮派领袖庹万鹏，希望他参加红军。8 月 30 日，庹万鹏率 20 余人加入红军。9 月 23 日，庹万鹏又号召神兵 700 余人参加红军。收编后的神兵被编为红三军军部特科大队，庹万鹏任大队长。由于中国共产党对神兵的收编，神兵的斗争性质发生了根本的变化。被收编的神兵，作为红军中的一员，后来北上抗日，加入保卫祖国的斗争行列。

第四节　贺龙元帅在官坝的故事

贺龙元帅在革命期间前后三次在官坝陆家大院驻扎过，并留下了许多脍炙人口的佳话。当地一位老人讲到她丈夫在世时曾经多次和村民谈起过他自己儿时见过贺龙的经历，这样形容他记忆中的贺龙："贺龙胚子大（身材高大之意），背上有条龙。"晚上贺龙让士兵睡觉，自己到处走动放哨。

贺龙带队伍第一次来官坝，正当金秋时节，家家户户在场坝晒谷，村民听说官兵来了，匆忙逃走躲在山上不敢回家。贺龙到官坝后告诫士兵"不能糟蹋老百姓的谷子"，后来在一位老爹的指引下官兵帮忙把各家各户的谷子收进了屋里。贺龙官兵第二次进官坝时，在陆松柏家堂屋住宿一晚，在魏纪堡上宰猪做饭。贺龙当时看见年少的陆松柏说："你莫跑，莫跑，我们是红军。小孩子吃饱饭后跟我去当兵，去参加红军。"小孩子天真地回答："我有爹，我要养老。"后来陆松柏很后悔当时没有跟贺龙走，总是埋怨"该跟着贺龙走，走了还好些"。在这一次，贺龙带队伍走之前还把剩下来的猪肉分给各家各户。贺龙第三次到官坝，村民们不再躲避逃跑，一位老太太看见一村民和一官兵下棋，站在他们背后说"不能把贺龙的人下输了，他们是打胜仗的"，官兵听后哈哈大笑。村民看见这官兵背上的龙，这才发现他就是贺龙。

图36　贺龙在官坝苗寨住过的吊脚楼

当地一位曾经当过校长、现在已经退休的老人回忆他的父辈给他讲过的贺龙元帅在官坝的故事时，讲述得依然栩栩如生。1933年，贺龙元帅来过官坝苗寨时住过三次，贺龙元帅"不扰民、不进门、不住老百姓的屋里，只率领他的部下住在屋檐的台阶上"。还有当地老百姓回忆，说贺龙元帅的警惕性很高，哪怕是老百姓深夜点上一支旱烟的划火柴声，贺龙元帅都会敏锐地警觉到，若是有敌人或者是当地的土匪潜入就更不用说了。此外，还有一个小故事，直到今天当地老百姓都津津乐道，贺龙元帅来到官坝苗寨一家农户门前时，看到一个正在玩耍的戴着虎头帽的儿童，这个儿童看到贺龙元帅头顶上戴着红星帽章的军帽，便毫无顾忌地向贺龙元帅索要，这位儿童的父亲听见自己不懂事的孩子的无理要求后，连连责怪孩子，并且连连向这位他也不认识的红军"老总"赔不是。没想到，贺龙元帅却大笑，对这位儿童说："小家伙，好嘛，现在小小年纪就想当红军，有志气！那我就把我的帽子送给你，希望你以后长大了就当一个红军战士，为老百姓打土豪，让老百姓过上好日子！"说罢，贺龙元帅把自己的帽子脱下，并且把那个儿童的虎头帽摘下来，亲手把自己身为红军"老总"的红军军帽戴在儿童头上，把儿童的虎头帽戴在了自己的头上，引得儿童和他的父亲一阵欢笑。直到贺龙离开那户人家之后，有人后来告诉他，那个与他娃娃换帽子戴的人就是贺龙元帅时，这个儿童的父亲感到非常意外，也非常感动，他觉得红军战士人人都对当地老百姓好得很，没想到红军的"老总"也是一样。

图 37　贺龙驻扎过的地方

直到现在，官坝一座山的山腰上仍然原原本本地保留着贺龙元帅当年住过的苗寨老宅。2007 年，咸丰县人民政府、咸丰县老年促进会还联合在这幢贺龙元帅当年住过的老宅院落内的空地上修建了一座贺龙纪念碑。

第五节　其他传说故事

1. 龙潭传说

传说以前官坝地区地旱了三个多月，以至于地表龟裂，秧苗干死。当地人把这种灾害归因为官坝当地的龙潭枯竭，潭中的龙长不大，所以久不下雨。于是村民们凑钱请当地道士做法事。道士来到龙潭源头，将龙封在牛角里带到对面山上大庙里做法事。顷刻间，电闪雷鸣，大雨倾盆。据说当时只见一条大龙飞出，龙头在龙潭溪，龙尾在大庙。此后，龙潭溪对当地人便具有了特殊的意义，一般家里有小孩体弱的，家长会带着小孩，用猪头拜祭龙潭，祈求保佑小孩生命安全，健康成长。在祭拜龙潭的时候，会放小孩的衣服、鞋子，还会挂一道红布，意为龙上红，有的还会放鞭炮。祭拜时，上香、烧纸钱、跪拜等都是必要的。此外，龙潭水还有冬暖夏凉的特点，因此不管是冬天还是夏季，人们都喜欢去那里玩耍。以前人们吃水都是到龙潭挑回放在水缸中，现在是人工开凿，将水从山上修沟引水到各家各户。

2. "叶子烟"传说

从前，官坝有对恩爱夫妻，妻子过世后，丈夫对妻子很是想念，天天去妻子墓前祭拜。不久，亡妻的坟上就长出了一种特殊的植物。丈夫无意中发现此植物叶子干后燃烧会发出奇特的味道，他就尝试着把干叶子卷起来用火点燃后来吸，就这样发现了一种烟草的新品种。从此丈夫便抽这种干叶子，以此来表达对亡妻的思念。

由于这种烟叶卷起来就可以抽，因此得以流行开来，并叫"叶子烟"。但这种烟劲大，现在一般是老人抽。

图 38　叶子烟

3. 大力士传说

官坝当地从前有个大力士名叫陆重，当地民众尊称他为"陆伯伯"。听老人们讲，他的力气非常大，他去山上砍柴不用带刀斧，只要用肩摇晃，就可以轻松地将树木连根拔起。当地人会去割红薯藤卖钱，一般人一下午割的藤子，陆伯伯只需要用两根竹竿在田里随便一挑，就可以轻易把大片大片的薯藤挑回家。一次他去林中偷柴，被山林主人发现了，山林主人拉着树木枝干不让他拖走，陆伯伯轻而易举就把他绑在了树上，最后山林主人就被他绑死了，后来陆伯伯怕承担后果就逃到水砂坪安家，陆伯伯也因为此事而被家族除名。

4. 孝年匾传说

传说雍正年间，官坝忠建河上游住着相依为命的母子俩。一天发洪水，儿子陆必瑞背着老母往高处走，安顿好母亲后，陆必瑞回家抢行李。不料这个时候水势上涨，他往楼上跑，水继续往上涨，陆必瑞就往屋顶爬。眼看整个房子都要被洪水冲走了，陆必瑞眼明手快跳向了自家门前的枇杷树，此时水迅速涨上来，他往上爬，水越发上涨。正当他换口气的时候，一棵被连根冲走的大柳树正迎面撞过来，弱小的枇杷树招架不住了。他在洪水里挣扎着，浮浮沉沉，沉沉浮浮，嘴里一直大喊着："苍天呀，你要长眼，我家里有80多岁老母，双目失明无人养……"可能他的行为感动了老天，他漂了30多里地到了宣恩蚂蚁洞还未死。人们认为他是真孝子才得以保命，于是朝廷就送了块孝年匾，上面写着题有"庸行千古"。

5. 贞洁匾传说

传说官坝滕姓祖先滕代昌得了怪病，常年卧病在床。到了适婚年龄，家人为了冲喜便迎娶17岁的陆年甫。不料陆年甫刚过门三天丈夫病故，年轻守寡，无儿无女。但陆年甫生性顽强，能干，长此以往逐渐建立了自己的威信，寨子中大小磕磕绊绊的事情在她那里都顺利解决。咸丰要建一个贞洁牌楼，建了三天没建起来，她来后很快就建起来了。陆年甫80多年恪守妇道、永保贞洁，被朝廷赐贞洁匾"式瞻清懿"。

6. 新人坐轿传说由来

官坝古时一对新人办喜事，经过一座新桥，刚好桥上是关老爷负责新桥剪彩。关老爷见到新人，便想出一个点子让新娘子来剪彩，并承诺新娘子："你若剪得好，我的轿子就让与你坐。"新娘子也大方，顺势在鼓乐声中完成了任务。这样以后的新人就坐轿子，而不是靠步行了。于是也有了"新人踩新桥，千年古迹万年牢"

"张家女子洛家桥，千年古迹万年牢"的俗语。

7. 陆家不出人才的传说

关于官坝陆家不出人才的传说有两个版本。一种说法是：朱家看陆家慢慢兴旺，便在高人指点下，在陆家龙脉处改直河道取弯，建凉桥。就这样，陆家的门户被锁，从此也就出不了人才了。

另一种说法是：陆家二房一胎生三子，一个白脸，一个花脸，一个黑脸。这三个孩子在一起时有个怪现象：只有白脸的孩子放中间，三个孩子都安静，否则都哭。孩子的父亲觉得孩子是怪物脱的胎，为免遭日后不吉，就用门板把三个孩子压死了。但这件事并没就此了结，后来皇帝被托梦，梦到了这件事，想到白脸为文官，黑脸花脸为武将，怕陆家出人才毁了其江山，便下令挖断陆家龙脉。从此，陆家便不出人才。龙脉被挖断的地方后来成为平地，朝廷在平地上修了一座庙。因庙修在主脉上，当地人叫"害了龙脉"。

第 五 章

官坝苗寨的麻阳记忆

族群是在特定的基础之上建构起来的，这些基础涵盖的内容极其广泛，诸如共同的祖先、共同的历史、共同的经历、共同的信仰、共同的语言等很多方面。族群之间的相互区别就是祖先、历史、信仰、语言等系列因素或某一因素的显著差异。我们考察一个族群的时候，要看到族群具有代表性的显著特质，而这个特质往往存在于族群的共同记忆之中。

官坝苗族作为历史上的苗族移民群体，明显不同于周边的土家族和汉族。官坝苗族作为一个族群出现，不单是他们生活的经验与其他族群不一样，更重要的是人们的麻阳记忆。麻阳记忆包括麻阳话、麻阳谱、祖先认同以及苗族认同，麻阳记忆深深地刻印在苗寨人的脑海中，虽然随着时间的推移不断被磨蚀，但我们现在依然能够通过对麻阳记忆的梳理来解读历史移民群体的发展状态。

第一节　麻阳话

麻阳属于苗族的世居地，自古以来就是荆楚文化与湖湘文化的交融之处。麻阳苗族在很早的时候就已经放弃了自己的民族母语苗语，在经过历朝历代的生产斗争与文化变迁后，现在麻阳苗人的语言较为复杂，与多种语言相互交融相处、相互渗透后，现今称为麻阳话。麻阳话吸收了汉语方言湘语、赣语成分，同时在不同程度上保留了苗语语音、词汇的一些底层部分，所以在发声、语调诸方面体现出自己的规律与特点。

我们拿麻阳话与普通话进行简单比较，麻阳话声母无"舌尖后音"没有[r]韵，把普通话的[an]、[iŋ]韵字读成相对应的[aŋ]、[in]韵音，它有不圆唇舌面元音[w]，有复韵母[io]；在声调上，上声字特别少。同时，麻阳苗族语言变成了苗汉语夹用，与其他苗区语言也存在很大差异，麻阳话在演变以及发展过程中已形成独特的方言土语，并且使用这些方言土语的人由于历史上被镇压驱赶，不得不背井离乡，四处逃难，由于受迁徙地经济文化状况及地域特点的不同影响，麻阳话出现了多种方言，每一个方言还包含多个次方言，每个次方言又有各自比较复杂的声韵调系统，不再是先民纯正的苗语了。比如，麻阳话中的湘语，又称湘方言或湖南话，主要分布在湖南省部分地区以及临近湖南的重庆和广西部分地区；湘语又可以分为新湘语和老湘语。新湘语在形成过程中受到了汉语西南官话较大的影响，所以西南官话与新湘语有一定相似性。因此有人也主张把新湘语划入官话。事实上，说新湘语的人往往较容易听懂西南官话，而说西南官话的人听懂新湘语还存在着明显的困难。而麻阳话属于新湘语的次方言。根据历史地理学家谭其骧先生的考证，江西人在历史上不同时期向湘西北以及沅湘一带进行了迁移。因此麻阳土话有部分发音还具备赣语的特征。正因为在这些复杂的迁徙演变过程及语言融合渗透作用下使这种特别的土语，不仅汉族人听不懂，即使现在还使用苗语的人们也很难听得懂。

官坝苗寨的先民300多年前从湖南麻阳来到湖北宣恩的蚂蚁洞，再后来迁到官坝，当时普遍使用着独具特色的麻阳话，但这一状态已只能作为历史的缩影存在于老人们的记忆里。据村中80多岁的几位老人回忆，当他们还是小孩的时候寨子里都是说麻阳话，目前这些老人们还清晰记得一些麻阳话的词汇及短语："陆"说成"浏"、"认不到"说成"利莫到"、"五"说成"翁"、"八户"读作"巴古"、"吃不动"说成"掐莫洞"、"板壁"说成"半便"、"七"读作"妻"、"赶场"说成"观展"、"客"读作"卡"、"讲"读作"敢"、"家"读作"尕"、"平"读作"濒"、"鱼"读作"瓮"、"瓢"读作"梭"、"关"读作"敢"、"学生"读作"伙三"、"夜饭"读作"呀环"、"小孩"叫作"继尕"、"父亲"叫作"嗲"、"水"叫作"署"、"脚"叫作"迪欧"、"铜钱"叫作"冬监"、"锡"叫作"霞"、"栽"叫作"在"、"人"叫作"林"、"坐"叫作"撮"、"谷"叫作"孤"、"肉"叫作"溜"、"姐"叫作"架"。平日里这些老人还常常会用麻阳话进行交谈。在访谈过程中，当地从事小学教育工作的一刘姓退休教师也证实，他1952年来官坝参加工作时，刚开始语言不通，因为村民说话会把麻阳方言与汉语方言混合夹用，所以很多话都听不懂。我们从他们的讲述中不难看出麻阳话逐渐隐退的变化趋势。

官坝本身属于汉语的西南官话区，麻阳话在这一语言环境背景下受人际关系交往频繁、各种语言相互影响所致，更加上改革开放以后，政治、经济、文化的迅速发展及普通话的逐渐普及，相对地缩小了麻阳方言的使用面和使用频率，以至于300多年后的今天，官坝除了80岁以上的老人还会说麻阳话、60岁以上的老人听得懂部分麻阳话外，其他的人都已经完全转用了汉语西南官话，其语言属于西南官话中的次方言，略近似于奉节方言，麻阳话已完全丧失了交际功能，被人们所遗忘。

第二节 麻阳谱

家谱是一个家族演变发展的历史证据，家族成员使用自己本族的语言和文字记录下本族群发展的历史和在社会、经济、文化等领域前进的轨迹，并将其作为本族的历史记忆保存下来。"家之有谱，如木之有本，水之有源"，其中蕴藏着大量的地方史料，对后人研究当时当地的人口迁徙、婚姻制度、族规礼仪等有着其他资料不可替代的作用。如果翻翻自家的族谱，顺着"世系图录"，你可以找到你生命的起源，你的始祖，你的始迁祖等。正因如此，官坝苗寨的村民十分珍视从麻阳带回的谱书。每遇闲暇，官坝老人就聚在一起摆谱，他们谈论最多的是祖先迁徙的那段历史，而这在"家谱"序言部分中有着翔实的记载。

"家谱"中的首要部分是序言，它不仅说明修谱的缘起和经过，而且要追本溯源地叙述本氏族的渊源与迁徙过程，以后的各代子孙都会对首篇序言所未述的内容进行补充，或是说明续修的缘由。如果我们细细研读续修的序言，往往能从中看出一些共性的：一是盛世修谱，即在社会安定、经济比较繁荣的时期，用来弘扬先德以教化后世；二是社会大动荡前夕，为防止家族人员因战乱离散而不知其所踪；三是本氏族出了显赫人物，用以彪炳千秋和光宗耀祖之用。而我们在官坝苗寨中看到的《陆氏家谱》与《滕氏家谱》则都是缘于第二种类型。

图39　道光年间《陆氏族谱》

《陆氏族谱》：官坝保存比较早的谱书是道光年间所修的《陆氏族谱》。《陆氏族谱》中写道：五代末，陆氏祖先避乱于江西抚州金溪，明洪武年间迁至湖南宝庆邵阳，之后徒步来到辰州麻阳。

《滕氏族谱》：湖北省咸丰县官坝村《滕氏宗支·族谱》中记载："始祖滕仲四生于大宋理宗二十四年，妻梁氏原籍北京真定府赵州乌鸦溪黄栗岭人氏，元朝末金人扰乱逃乱至辰州湖南麻邑齐天坪村。"这与湖南省麻阳苗族自治县清宣统三年《滕氏族谱》中记载的滕仲四的迁徙状态相吻合。《滕氏族谱》载："宋理宗时，金元乱宋，始祖仲四与仲三，偕携眷由北京真定府赵州乌鸦溪黄栗岭逃至辰州府北江洞，后移卢阳（今芷江县），遭兵荒，仲三携刘氏奔云南，仲四奔麻阳县齐天坪。"而且官坝苗寨《滕氏宗支族谱》还进一步记录了腾仲四后人的迁徙状态，至康熙四十六年（1707）复迁于湖北施南府咸丰县太和里小地名龙坪官坝落叶。这足以证明目前居住于官坝的滕姓一族称自麻阳迁来是有据可考的。

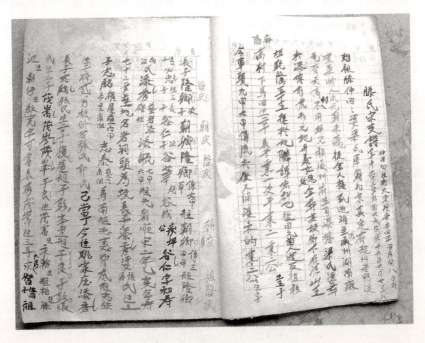

图 40　《滕氏族谱》手抄本（1961 年）

　　就家谱的保存情况而言，以前的家谱大多是手写稿，由于时间长、保存不善，尤其是"文化大革命"期间怕被人发现，大多藏在比较隐蔽的地方，很容易受潮发霉，现存的家谱有字迹扩散的情况，因此家谱的保存状况不容乐观。但民谚有云："乱世砸锅造枪炮，盛世修谱建寺庙。"自古以来，家兴族旺，太平盛世，追根溯源，续修族谱。这些年，随着经济的发展，人们的生活有了很大改善，因而修家谱，寻根认亲得以在民间蔓延，而且就家谱的内容而言，是要代代相承，所以不能只停留在历史层面，它要随着社会背景、家族内部的人口变化等做相应的补充，那就免不了要对家谱进行续修。在修家谱这一问题上，官坝苗寨把它看作很神圣的事情来对待，家族中推选出德高望重的长者为召集人，所有族人公摊修家谱之经费，按照一家一户平均分担的原则，并且每家每户都认为这是寨中的一件大事，都很关注并积极地参与。陆氏老人回忆在19世纪初期，当时湖南麻阳的陆姓曾经来过官坝苗寨看过他们的家谱，并说明与湖南陆氏是同一血脉，当时对家谱进行过一次续修，60多年后，官坝陆氏又组织了十几人去湖南麻阳考察并再一次续修了谱书，而且通过几次修谱与湖南麻阳陆氏建立了紧密的兄弟情谊，官坝苗寨的很多老年人都对我们表达过一种愿望，如果有机会，他们也渴望去麻阳寻根。同住在官坝苗寨的滕氏也有着同样的修谱经历，在家谱中反映出，咸丰十年、1989年及1998年也曾三度修谱，使家谱能更完整、更准确地反映出家族的发展轨迹。在家谱寻根的过程中，前人的奋起、磨砺、责任，成为一种重要的精神财富代代传承下来，纵然代远宗长，同宗同族的血亲是隔不断的，家谱是联系亲情加强凝聚力的精神纽带。也可以说，家谱是一个族群的精神家园。

第三节　祖先认同

苗族是一个尊祖敬宗的民族，一般认为蚩尤是中国苗族的先祖。从事民族史研究的学者认为，中国苗族的族属渊源，和远古时代的"九黎""三苗""南蛮"有着密切的一脉相承的关系。在原始社会末期，在我国长江中下游和黄河下游一带，远古的时候就生活着原始人类；他们经过世世代代的生息繁衍，通过交流与融合，在距今五千多年前，逐渐形成了部落联盟。这个部落联盟叫作"九黎"，以蚩尤为首领。《国语·梦语》注中说："九黎，蚩尤之徒也"。《吕氏春秋·荡兵》《战国策·秦》高诱注，都说蚩尤是九黎之君。他们借助优越的地理条件，不断地辛勤开拓，使生产力不断提高，社会经济不断发展，一跃而成为雄踞东方的强大部落，并且最早进入中原。著名历史学家范文澜认为：传说中的中国远古居民，居住在南方的人统被称为蛮族。其中九黎族最早进入中部地区。九黎当是九个部落的联盟，每个部落又包含九个兄弟氏族，共八十一个兄弟氏族。蚩尤是九黎族的首领，兄弟八十一人，即八十一个氏族酋长。……是以猛兽为图腾，勇悍善斗的强大部落。在九黎部落进入中原之后，炎帝族也自西方进入中部地区，与九黎族发生长期的部落间的冲突。九黎族驱逐炎帝族，直至涿鹿。后来，炎帝族联合黄帝族与九黎族在涿鹿展开了原始社会末期规模空前的部落大战——涿鹿大战。在战争初期，黄帝由于兵力不足，又对地形气候不了解和不习惯，因而"黄帝与蚩尤九战九不胜"；后来黄帝族创制了指南车以识别方向；并大大增添实力，才转败为胜。最后双方决战于涿鹿，九黎被打败，其首领蚩尤也被擒杀。当然，作为苗族先祖的蚩尤在后人传说中，被认为是中国境内许多少数民族的先祖，是中国境内最早带领人们开天辟地的祖先之一。

　　麻阳苗民除了有对蚩尤的祖先认同以外，他们最崇拜的图腾是盘瓠——神化了的龙犬。关于盘瓠，自古以来就有很多传说和文献资料，最早见于东汉末年应劭撰的《风俗通义》。范晔的《后汉书·南蛮西南夷列传》除了记叙盘瓠杀戎吴妻帝女之事以外，更明白地指出盘瓠后人的所属之地是武陵。至清乾隆年间任麻阳县尹的胡礼箴撰文说：武陵有五溪：雄溪、沅溪、酉溪、辰溪、悉溪，蛮所居，此所谓五溪蛮。其始祖盘瓠，好五色衣，织绩木皮，染草以成。其族滋蔓，是曰蛮。武陵即盘瓠种落也。（清同治时《麻阳县志》：麻阳是古五溪边城。）也就是说，麻阳苗族正是当年的"盘瓠种落"。所以麻阳苗民把狗看作自己祖先幻化而成的神犬，奉盘瓠为祖神，立庙祭拜。官坝苗寨中虽没有沿袭麻阳苗民设殿、设庙敬奉盘瓠大王的习俗，但在他们的生活中还保留着崇拜盘瓠的古风遗俗。其主要表现在以下几个方面：一是喜欢给幼儿做"狗头帽"。帽子有两只耳朵，绣满花纹，戴上恰似盘瓠头像，村民借盘瓠图腾以镇邪恶、赐福寿。二是把"狗"当成爱称来取人名或地名。如人们常常把幼小的孩童叫"狗儿""狗娃""狗宝"等。而且官坝苗寨村民陆承志在他的龙坪风景诗里写道："张网守鱼黄岩板，螺行沙坝白泡潭，狗守九牛把塘困，农耕水底三丘田。"其中就嵌有"黄狗连窝"这一地名。三是在饮食方面，有部分人保留不食狗肉的禁忌，过去有"狗肉不上灶、不入席、不敬神"的说法，这种食俗并非口味差别，而是源自苗族先民对盘瓠的信仰及对祖先神的崇拜。

麻阳古称苗疆，当地居民被称为"武陵蛮"。由于地处山区，较为偏僻，没有大的战乱，苗民得以休养生息，社会稳定发展。到两汉末，苗民已形成一股强大的势力而引起汉王朝的注意，经多次征伐未果后，派老将马援率部出征，采取"剿抚"两用的办法，迫使"武陵蛮"归服。马援死后，宗均"矫制"，用"抚"的办法对待苗民，五溪苗族才有了进一步的发展。陆氏认为自己的祖先是陆九渊，陆九渊名象山，是一个文人且很精明，在朝廷为官，由于思家心切，经常偷偷回家，后朝廷知道，遭到打压。朝廷发布："不剿金溪县，单剿六房陆。"后马伏波在执行朝廷的任务中，修改了皇帝的命令，改为"单剿金溪县，不剿六房陆"。所以伏波将军成为陆家的救命恩人，官坝苗族为伏波修庙，加以敬奉。

官坝苗寨的祖先认同除了反映在对祖先神虔诚的膜拜外，我们从村民家中所贴的堂联中也能很明显地感受到他们忠孝礼仪观念之根深蒂固，尊祖敬宗、家族观念之强烈。村中堂联内容多为反映对祖先的崇拜及绍继祖风、光耀门闾等，如滕氏家族家神对："才文武承先绪、学继程朱启后人"，"东阳望重诗人句、西夏名高圣士来"，以及横联："祖德流芳""百芳千古"等。通过弘扬祖先丰功伟绩、反映宗族赫赫声望，借以振奋家族正气，激发子孙后裔奋发向上的精神。官坝苗寨还有自己家族的专用堂联，其内容与家族姓氏的历史渊源、家庭名人的崇高业绩、文韬武略等密切相关，故陆氏的堂联具有"专一性"。反映李姓祖先业绩的对联不能用于张姓，同样，有关张姓起源的对联也不能用于李姓，否则张冠李戴，岂不闹出笑话？如陆氏家族神龛两边的堂联："机宗德教易悠远，云祖文章衍派长""伯仲文章高罗下，圣贤理学达江西""戎马中手不释卷，衙斋内身着布衣""讲学勿忘白鹿洞，居家不易青田乡"。陆氏苗族认同自己比较近的祖先，他们认为陆机、陆云两弟兄是自己的祖先，因此，在家先对联中有了明确的指代性，"机宗""云祖""伯仲"都是强调祖先陆机、陆云的事迹，让后人永不忘怀。

其实无论口碑传说、族谱还是碑刻、地方志等文献，都反映了某种对祖先和家园的集体记忆，也反映了移民的生活境遇。在这些记忆中，我们看到的是移民家族定居、发展的历史，以及人口迁移过程中的共同心态与认同，这对于现今官坝苗寨的民族认同也有着深远的影响力。

比如，在民族自我归属方面，在村寨进行访谈过程中，当问及村民属于哪个民族时，很多村民先犹豫了一下才回答"我们是苗族"，当我们再次强调问他是否确定时，村民却给出了这样的解释："我们以前一直认为自己是土家族，但我们有些生活习俗却与周边土家族有所不同，后来在修族谱的过程中发现我们是从湖南麻阳迁过来的，那边是苗族，所以我们也应该是苗族。"由此可见，官坝苗寨的村民对自己民族的归属基本上是家乡认同的延伸，是追根溯源后的推论。

又如，在对本民族的情感依附方面，据当地一些年老村民回忆，以前老辈子都讲麻阳话，并且非常重视这种家乡语言的传承与延续，新婚的媳妇头三天都必须学着说麻阳话，嫁入多年还不会说麻阳话的媳妇会不受喜欢，家里人会认为她不孝顺。这样的习俗可能源于官坝先民对家乡麻阳的思念之情，即便离开了家乡，也要保持乡音不改。但随着时间的推移，长期与周边民族频繁交往，不懂麻阳话者越来越多，对麻阳故乡的记忆越来越遥远而虚幻，甚至完全失忆。从此转而融合于当地社会。后来随着麻阳地区同宗同源家乡人的到访，又勾起了苗寨村民封存以久的故乡之情，通过续谱走上寻根之路。

作为移民族群，官坝苗族还保留了许多民族传统。这些民族传统主要表现在建筑设计的样式，以及人与自然和谐相处的伦理观等方面。如建筑方面，官坝依据平坦的地势盛行落地式房屋。房屋中柱直接建立在平坦的地上。房屋为五柱七瓜三排、七柱九瓜三排不等，以三层为主。第一层即落地层，左右两排为日常生活之用，中间排为中堂，后为神龛。左后一间通常为家人烤火、煮饭之用，前两间为主人卧室或客房。平地房的厨房一般设在正房的一边，另起一小偏房。二楼前面的全为客房，后面的全为储存谷物等储藏室。三楼放置一些杂物备用。一般家禽都在离正房屋几米的周围，而牛圈羊舍则更远些。这种建筑样式与湖南麻阳苗族的建筑完全一样。在人与自然关系方面，官坝苗族生活中处处体现出和谐的伦理观。作为居住在平地上的苗族，其人口之众所带来的人均资源稀少是可想而知的。为了节省有限资源，使族群持续生存繁衍，官坝人非常重视合理有效地使用资源。

我们知道，任何族群都有自己的集体记忆。当生存环境发生巨大变迁时，任何一个族群都必须通过族群记忆的强化和结构性失忆来重新整合自己的族群认同和文化记忆，维持自己的族群边界。官坝苗寨的传说故事是一种集体的记忆社会行为，人们从社会中得到记忆，也在社会中重组、拾回这些记忆，每一种群体都有其对应的集体记忆，该群体借此得以凝聚及延续。对于过去发生的事来说，记忆常常是选择性的、扭曲的或是错误的，因为每个社会群体都有一些特别的心理倾向，或是心灵的社会动力结构，回忆是基于此心理的倾向上的，使当前的经验印象合理化的一种对过去的建构。

　　官坝苗寨在历史的发展与变迁中，村民也正是通过这种选择性、牵强、捏合、附会的记忆来重建社区文化，重塑历史，以此建构社区凝聚力，整合族群精神内核，这样就为获取更多生存空间、生存资源创造了更有利的条件。官坝苗寨口传的伏波庙与伏波传说、土王故事、神兵传奇、贺龙的故事，无不体现其社会历史发展变迁的过程，从中我们可以厘清其发展线索。从东汉到宋朝，从宋朝到清代，从清代到国民革命时期，这些口传恰好对应每一阶段的历史节点，官坝苗寨社会面貌在这每一历史节点发生重大变化，对社区文化、社区心理、社区认同、社区边界产生重大影响。官坝苗族先民有一段特殊的历史遭遇，诸如，大规模军事征剿、设置土司、屯兵弹压等。封建王朝的长期挤压使该民族长期地迁移和离散，官坝苗族先民的经历和遭遇可想而知。两千多年来，苗族一直是个迁移不定的民族，他们辗转漂泊的历史遭遇，在特定的历史条件和社会背景下，斗争俨然成为他们民族生存的第一要义。它不仅向社会宣战，向外来统治者宣战，还与天斗、与地斗、与外来的剥削和压迫斗。他们在社会发展变迁中保持的这种选择性、牵强、捏合、附会的记忆也正是民族的凝聚力和号召力。这些特征记忆作为一种心灵呼唤和要求，反映了苗族与其他各族人民一样不畏强暴、不甘命运安排、敢于斗争的可贵品质。当他们生存资源有了保障，他们就用自己的聪明才智充分利用资源，改造生存环境。在苗寨，科学便利的水渠在官坝院子缠绕而过，经过每家每户的房前屋后，让人耳目一新，我们无不被官坝苗寨先民的智慧和创造力所折服。

　　任何文化都是社会环境与自然环境的综合产物，都具有时代的鲜明特色。几经社会文化变迁，今天官坝苗寨口传的传说故事已不能完全寻觅到初创或过去的那个历史阶段的全部意义。但官坝苗寨口传的传说故事遗存的内容赋予的精神内核——苗族人民不畏霸权、勇于开创的伟大抗争精神，它的影响力到今天仍是巨大的，它体现着官坝苗族对生命和力量、冲突与厚重、团结与踏实、平等与民主的卓越追求，展示出他们勇敢强悍、积极进取的文化心态，形塑着官坝人热情奔放和粗犷豪爽的性格，对于加强官坝苗寨本民族的紧密联系、增强其团结互助精神起到重要的作用。

对于一个在两千多年风雨中颠沛流离的民族，人为创造族群史诗传说、故事地反映了苗族对社会环境的心理需求。可以设想，在官坝苗寨，让不同时代的马伏波和陆九渊产生渊源，并顺理成章把他们推为自己的祖先，反土司、杀土司，神兵起义，贺龙的故事，推翻地方霸权，其斗争反抗、融入主流社会的心理多么强烈。他们从湖南麻阳迁到此处，面对强势的汉族、土家族文化的冲击，官坝苗族先民不得不"选择性的、扭曲的"来"重构"自己民族迁徙的真正原因，吸收、借取并顺应汉族、土家族的文化风俗，尽量适应已经变化了的社会环境，编造和"革新"自己的族群记忆，以获得生存的机会。作为一个特殊移民群体，在他们对起码生存条件的要求下，不得不反抗封建专制和压迫。

近代苗族张秀眉起义，正是这种品质的典型代表。各个民族都有自身独特的内聚力和号召力，并用自身的传播模式和特有手段一代代传承，民族和民族精神才得以保存。传说故事应是官坝苗寨的凝聚力及号召力，是一个精神文化场。官坝苗寨人在这个文化场里不断被磁化，使官坝苗寨人的优良品质不断发扬光大。

第 六 章

官坝苗族的节庆文化

　　苗族是一个热情直率、豪放豁达的民族，节日聚会是他们表达对美好生活热爱与追求的具体方式，是他们生产生活中不可缺少的内容。官坝苗族的传统节日自古成俗、世代相传。在经历了从麻阳迁徙过程中与汉族和周边土家族的交流融合后，官坝苗族的节日呈现出了苗、土家、汉混融的特色。在官坝苗族的传统节日中，有一部分是沿袭其他民族的传统节日，如每年一度的春节、元宵节、清明节、端午节、中秋节、重阳节等，有一部分接纳了周边区域性的传统节日，如二月二、牛王节等。除此之外，官坝苗族在漫长的历史发展过程中，也形成了具有特定内涵的节日，如春社、月半等。这些节日不仅与农事有关，同时也是大众狂欢的社交聚会。

第一节　官坝苗寨节庆文化概述

1. 春节

　　万物始春。官坝苗寨最大最隆重的节庆便是"年"，即春节。他们的春节，不单是指除夕这一天，而是指腊月尾至正月半这一段时间。这是苗寨人最为欢腾喜庆的日子。

　　一进腊月，家家户户就要杀年猪、酿年酒、打年粑，老老少少都要"忙年"。在苗寨里有这样一句话："打七不打八"，打年粑最迟也要在腊月二十七之前完成。

过年，是喜庆，对苗家人来说更多的是一种祭拜和崇敬。送灶王、挂新坟、烧旺火、拜家先都是过年时非常重要的习俗。

2. 元宵节

官坝苗寨有着浓厚的文化底蕴，每逢元宵节，淳朴的苗家人会上演一场丰富的传统民间文化艺术盛宴，如龙灯、牛虎灯、干龙船等。

元宵节时耍龙灯一般是围绕一条九节盔甲巨龙，百姓一起舞。竹编成框，布绷为体，画添成龙。寨子里如有三四年未如愿添丁的家庭，则制作龙灯的白布由这家出，以祈祷来年家添人丁。舞龙时，专选寨子里年轻力壮的男子，附带鞭炮、烟火，挨家挨户地吆喝舞蹈，齐祝幸福安康。

图 41　玩龙灯

3. 二月二

二月二是传说中土地佬（神）的生日，土地佬是掌管农业生产的精神领袖，所以官坝苗人对土地佬十分恭敬，在二月二这天专门以酒和粑粑来奉土地佬（神）。

　　家家户户房屋的当头，都有一座土地庙，也叫当坊土地，官坝苗寨有"不怕客人来得远，也服当坊土地管"的说法。二月初二这一天，人们对天气晴雨状况十分关注，农谚有云："土地公公晒出汗，一碗荞子打一石；土地公公打了伞，一斗荞子打一碗。"所以二月初二这一天要敬好土地菩萨，以求年成丰收。

图 42　敬土地菩萨

4. 三月三

　　苗族人自古以来依山而居，常常与蛇为伴。老人们说，以前走在山上，经常有蛇撞在脚背上。如果被蛇咬了，当地人有用辣椒叶子制作成的蛇药来治疗；如果被公蛇咬了，就用长于五月间的草贝子树来治疗；如果被母蛇咬了，就用长于七月间的刺贝子树来治疗。"三月三，蛇出洞"，按习俗这天是蛇出洞的日子，为了免受蛇毒之害，苗族这天见青不吃，因为有一种"青竹标蛇"浑身青色，这天吃了青色食物，恐一年内都会见到青竹标蛇。另外，苗家人会在这一天做糍粑给家里的小孩吃。据说这样就可以用糍粑糊住眼睛，小孩看不见蛇，就不会受到惊吓，且易养成人。

5. 社节

　　社节，是苗族人每年必过的节日，也是苗族最具有特色的节日之一。主要有"吃社饭"和"拦社"两大内容。"三戊惊蛰，五戊社。"这一习俗源于社日祭祀（农历立春后第五个戊日即为春社，一般在春分前几天，农历二月下旬）。在传统里有"新山（山坟）

第一年不过社"的说法，春社日指立春之后第五个戊日去祭拜新山
（山坟）。

图 43　社饭

6. 清明节

　　在新中国成立前后，官坝苗寨一带还保留着"清明会"。当时，
科学技术还不发达，生产方式较为落后，为求风调雨顺、五谷丰
登，清明节这一天民间流行"草把龙"的习俗。

　　清明时节雨纷纷，这也是官坝苗寨清明时节的真实写照。从地
理位置上看，官坝处于东经108度37分，北纬30度19分，这里气
候温暖湿润，冬暖夏凉，降水量丰富。如此优越的气候条件，让官
坝苗寨形成以水田稻作为主，养鸭、鱼为辅的多元化农业模式。

　　惊蛰时节，苗家农民便放水泡田，准备移秧下苗。"二月清明
你莫忙，三月清明早下秧"是智慧的苗家农民耕作时的参考标准。

　　清明除了是农耕的时令标准外，也是苗家人祭拜的重要节庆。
清明这天，家人会购买或自己做一些耍耍儿、清明吊等，携带家人

为家中的亡者送"火钱"。

7. 四月八

四月初八这天，传说是牛王菩萨的生日，又叫牛王节。牛王节这天，耕牛要放假休息一日，并给牛喂上好的饲料，如黄豆等，打扫牛栏，人们还要杀鸡、宰猪，祭拜祖先。这个节日是典型的农耕型节日，因为到今天为止耕牛在官坝苗族的农事生活中仍然扮演着十分重要的角色，没有耕牛，就很难达到丰衣足食。

8. 五月五 （端午节）

农历五月初五即端午节。端午节这天，苗家会"摔糍粑"（即包粽子）、喝雄黄酒。端午节时用石灰在堂屋门前画个大圈，然后从圆圈的两端绕整个房屋画石灰线，用来阻拦蛇、蚂蚁等不利于生产生活的虫兽。除此之外，人们还会将雄黄与大蒜混在一起并捣碎成泥状，将其涂在小孩脑门、手掌心、脚板心，以让小孩不被蛇虫咬伤。人们也会在房屋的周围洒雄黄水，以驱毒避邪。还有用艾蒿煮鸡蛋的习俗，据说吃艾蒿煮的鸡蛋之后就不会长疮，有解毒的功效。

另外，人们还会从田间摘大束的水菖蒲和艾蒿插在门上。菖蒲是苗族的洁草，古时被他们称为"斩妖剑"，艾蒿有驱毒避邪之意。

关于端午的来源，老人们说除了纪念屈原，他们包粽子还是为了祭母。传说古时一苗人的母亲在五月初五淹死河中，为了纪念母亲，在当日人们包粽子扔放到河里祭祀母亲。另外，还要在堂屋里上香敬家先。

除了五月初五，农历五月十五、五月二十五寨子里的人都要包粽子、吃粽子，这三日结束才算是过完了端午节。其中五月十五就被称为大端午节，在大端午节前后下雨时对农业丰收大有神益，所以官坝苗人对大端午的重视超出五月初五。

9. 六月六（吃新节）

每年农历六月，当田里稻谷抽穗的时候，苗族村寨家家户户在卯日（有的在午日或辰日）欢度"吃新节"。"吃新节"也有称为"尝新节"或"晒龙袍"。因为此时瓜果谷物有的开始成熟，可以吃了，叫作尝新；另外，族人在这天会将家里的被子衣服拿出来晾晒。

到时，每家都将做好的糯米饭、一碗鱼、一碗肉等，摆在地上（也有的放在桌上），并在自己的稻田里采摘七到九根稻苞来放在糯米饭碗边上，然后烧香、纸，由长者掐一丁点鱼肉和糯米饭抛在地上，并滴几滴苞谷酒，以表示敬祭神灵和祈祷丰收，然后把摘来的稻苞撕开，挂两根在神龛上，其余给小孩撕开来吃，全家人就高高兴兴地共进美餐。

10. 七月半

七月半又称"中元节""鬼节""亡人节"，其主要活动是祭祖。另外，老人还认为过月半时要吃新鲜肉，这大概是因为到这时候家存的腊肉已经吃完，就可以开始吃新鲜肉了。

"月半"对于当地人来说是个非常隆重的节日，有"年小月半大，姑娘回娘家"的说法，也就是在每年的农历七月十二，只要没有特殊情况发生，女方（出嫁的姑娘）就要回娘家；若还未成亲的，男方要带女朋友回去过月半。过月半时，家人要聚在一起吃饭。在吃饭前，一般要到死者的坟前烧香、烧纸，或者在固定的堂屋里烧纸，吃饭时，要先把碗、筷摆好，把酒斟好，其他人站在旁边，一般是死者的女儿在旁边说"妈、爸来吃饭"这样类似的话，之后把碗筷、酒杯撤下来，再重新换一副碗筷，其他人才能开始吃饭。现在，许多家户一般月半时并不是固定地在堂屋里烧纸，而是在吃饭前找一个方便的地方烧纸，表达对已故亲人的怀念与敬意。

11. 中秋节

官坝苗族农历八月十四过中秋。中秋节没有其他节日那么隆重，因为官坝苗人没有自己做月饼的习俗，加上旧时物资流通不便，很少买到月饼，所以到今天他们对中秋赏月、吃月饼等习俗并不是很重视。但是现在当天仍然会准备较丰盛的饭菜全家共享，一定要吃粑粑庆贺。中秋节要做叶子粑粑和蒿菜粑，要是碰上新玉米出来可供采摘，还要制作玉米粑粑。

图44　中秋粑粑

12. 重阳节

官坝苗寨在农历过两个重阳。农历九月初九为重阳、九月十九为大重阳，没有登高习俗，只是专门杀鸭和打糍粑分享庆贺。在官坝苗寨流传着一句俗话"重阳不打粑，老虎来咬妈"。寓意可以用糍粑来喂老虎，以便村民不被猛兽害。

第二节　官坝苗寨节庆文化的特点与类型

苗族节日是苗族民俗文化的重要组成部分，官坝苗族有很强的节日观念，节日内容丰富多彩，较之邻近地区其他少数民族，有其特殊的文化特质。这些节日既是一种具有人文关怀的文化符号，又是一种充当平安和谐载体的社会符号。

1. 官坝苗族节庆文化的特点

首先，节日数量多，除了农历十月，几乎每月都有节日。正月间有元宵节，二月有二月二土地佬节、春社节，三月有清明节，四月有牛王节，五月有小端午和大端午节，六月有六月六尝新节，七月有七月半节，八月有中秋节，九月有重阳节，冬月有小年节。

其次，部分节日分类有其特殊性。比如，端午节、重阳节都有两个，除了初五，还要在十五过大端午和大重阳；到现在为止，很多节日官坝苗族都会比汉族相同的节日提前过或推迟过。

最后，官坝苗族的很多节日都有特定的内涵。比如，二月二土地佬节，就是要敬奉主宰祸福的土地神；三月三要防蛇祸害他们的居住环境；四月八牛王节，源于族人重视耕牛如同热爱自己生命的"人畜同命"观念。

2. 官坝苗族节庆文化的类型

官坝苗族的传统节日反映出苗族传统的伦理道德观念和朴实的民族精神。在科学不发达的时代，苗家先人把一年的风调雨顺、五谷丰登、家业兴旺、子孙平安等希望寄托在神和祖先的保佑上，因此，在岁时节日中表现出浓厚的祭祀文化与农耕文化习俗。除此之外，苗族节日习俗的另一个重要特征是，无论在什么样的节日里，都离不开隆重的娱乐活动。因此，他们的节日大致可以分为祭祀型、农耕型和娱乐型。

（1）祭祀型

官坝苗族的祭祀型节日有年节、社节、七月半、腊月二十三节等。有对灶王菩萨、观音菩萨等神仙的敬奉，但更多的是对自家先祖的祭奉，基本上所有的节日中族人们都不忘奉酒、奉肉来纪念家先。这体现出官坝苗人"孝德"传统源远流长，孝俗氛围浓厚。

这类祭祀型的节日一方面源自他们的祖先崇拜，另一方面源自苗族好巫重祭的文化特质。

（2）农耕型

官坝苗族的农耕型节日有二月二、四月八、尝新节等。比如，敬奉土地神、敬奉为族人辛勤耕耘的牛，还有对即将丰收的季节预先庆祝的六月六；清明节被用来庆祝备耕完成和春播开始；中秋节则是收割结束，"打场"开始。

这类农耕型的节日是因为官坝苗族是山地民族，该地区生产力比较低下，生产关系简单，它们希望通过这类节日求得风调雨顺、五谷丰登。

（3）娱乐型

官坝苗族的娱乐型节日有小端午、大端午、中秋节、大重阳等。这些节日期间，族群内部及族群之间会相互请客、相互走动，共同分享美食。通过娱乐型的节日增加成员之间的感情联系，加强家族的凝聚力。

第三节　官坝苗寨节庆文化的意蕴

官坝苗族丰富多彩的节日是由其深厚多样的文化基因沉淀而成的，也彰显了其文化的理性存在。一是以"生命"作为衡量一切事物的尺码和标准，一切活动围绕着"生命"展开。通过节日祈祷生命长存，让本族人得到健康繁衍，这是一种生命本位意识；二是自然关怀，所有的成员都对自己所归属的家庭和民族负有责任和义务，顺应自然而与自然和谐共处；三是通过节日实现进一步的个人与他人以及与群体在感情上、心理上趋同的过程，进而实现与整个社会的融合。

官坝苗族节日还自然形成族群内部的一种文化纽带。这种纽带在时间概念上把整个官坝族群所有的节日都连接起来，形成一道亮丽的文化景观。

首先，官坝苗族节日是一种社会符号，这些符号维持了整个族群的连续性。节日的符号性首先在族群内部得到承认，然后扩大到其他族群的承认。这一点在与汉族、土家族聚集地毗邻的官坝苗寨表现得很突出，这些民族共同认定这一社会符号，而且在长期的历史交往中作为实践的特定角色参与对这些节日的认识。这种苗族节日符号的互动功能就扩展到了自己的族群之外，由此产生了族群与族群之间的互动，由原本的封闭系统转化为开放系统。

其次，节日作为社会族群内部约定俗成的文化符号，它具有调节社会群体内部及群体之间的社会关系和感情的功能。它承担一个社会调节器的作用，通过节庆的相互主动或被动的交流，将良好的传统发扬下去，化解内部矛盾，沟通族人感情，达到潜移默化的社会效果。

最后，官坝苗族节日是苗族的一种最具民族特征的民俗文化，这种文化有很高的文化价值和社会价值。这种价值虽然没有立竿见影的作用，但是其长期的社会效果却不容忽视。直到今天，官坝苗寨的过节习俗还十分盛行，经久不衰，它们体现出深厚的民族情结和精神魅力。

第 七 章

官坝苗寨的人生礼仪与习俗

第一节　官坝苗寨的人生礼仪

任何一个民族都看重人生的每一个过程，并赋予过程交替环节以特殊的符号意义。按照人的生命周期，从生到死所经历的每一个重要阶段都有相应的礼仪伴随。按照先后顺序，官坝苗族的人生礼仪大致可以分为三个部分：诞生礼、婚礼和葬礼。

1. 诞生礼

在人的一生中，诞生礼是开端之礼。婴儿的出生预示着家庭及家族的血缘有所延续，所以婴儿的父母和整个家庭及家族都十分重视。在官坝苗寨，生了孩子在"满月"前邻居以及亲人朋友一般会"送人情"以示祝贺，满月后则不再送人情；另外还有"月不送月"的说法，即差不多同一时间出生的婴儿其家庭互不送礼。当地的诞生礼主要包括求子、洗三、打十朝、抓周、取名五个部分。

（1）"求子"之礼

20世纪五六十年代，求子主要是通过玩龙灯进行。想生儿子就许龙灯，即在正月玩龙灯之前就跟玩龙灯的领头讲："你帮我生个儿子，就给你上个龙皮。"在平时也可以告诉龙头关于自己的愿望，如果真生了儿子，第二年正月就会拿一块白布"上个龙皮"；
也有家户到附近的庙里拜菩萨，祈求能生个儿子，但是现在这种情
况已经很少了。当地有俗话"皇帝爱长子，百姓爱幺儿"。婆家都
希望儿媳生男孩，如果不是男孩，儿媳就会受到婆家压制，地位
低下。

（2）"洗三"之礼

婴儿在出生时要去请接生婆，小孩出生以后要去外公家报喜，
当地人称"接嘎嘎（外公外婆之意）"。报喜人是小孩的父亲，报
喜时会说"母子平安，请放心"之类的话。如果生的是儿子，则由
婴儿的父亲带公鸡前去；如果是女儿，则带母鸡。另外，生了婴儿
的前三天内，产妇不许出门，婴儿也不能由人带出门外，产妇及婴
儿要卧床休息，由产妇母亲或丈夫为其送饭，其他人不准进入。婴
儿出生第三天，要请小孩外公外婆家的人吃酒，当地人称为"洗
三"。这时外公、外婆是不能给婴儿送衣服的，一般要送些猪蹄、
肉、蛋、面条、油等吃的东西。同样，如果生的是男孩，外公外婆
也要带公鸡来；生女孩，则要带母鸡。洗三后，一般还要用纱布把
桐油煎好的鸡蛋包好，将其与脐带一起敷在小孩的肚子上，以防止
肚子里面进气，七天后才可以解开纱布。坐月子的妇女不能从堂屋
路过，因堂屋供奉家先，见红不洁，只能从后门绕着走，待满月后
禁忌解除。

（3）"打十朝"之礼与满月

小孩子出生后的第十天，邻里亲朋好友都要来聚会，称为"打
十朝"。"打十朝"又叫"整竹米酒"。竹米酒，是用甜酒下汤圆煮
成的米酒。打十朝时，外婆、舅舅家等人要拿猪蹄、肉、衣服等，
亲朋好友可送钱物到新生婴儿家，以示祝贺。另外，新生婴儿的父
母要在大门上贴对联，对联里要明确显示出是男孩还是女孩，比如
说，有"掌上明珠"等字样。记录人情往来的账簿也根据男孩、女
孩有着不同的写法，一般生女孩写为"弄瓦之喜/之庆"，生男孩写
为"弄璋之喜/之庆"。此外"打十朝"还要举行仪式。官坝苗寨是

图 45 "打十朝"的队伍

图 46 "打十朝"的礼品

大院子式的木质建筑，各家各户厢房都是相通的，这种厢房相通的门一般不会打开，只有在"打十朝"举行礼仪时才打开，人们要从各家屋里面走到正屋去参加仪式，而不能从外面直接进堂屋去。满月后，有给小孩手腕捆红绳的传统，意为避邪。红绳由其母亲随嫁奁带来的红绳编织而成。以前婴儿满月时，亲朋好友以送食物、婴儿衣物为主，现在一般以送钱为最宜。

（4）"抓周"之礼

"抓周"之礼在婴儿满一周岁时举行，要用正式的请帖邀请婴儿父母双方亲戚，包括家公、姨娘、舅爷、伯娘，亲朋好友都来庆祝，但唯独不用给外公、外婆发请帖。婴儿周岁时一般不会大范围请吃酒，如果外婆家经济条件好，要送铺盖、鞋、衣服等；经济状况较差的就只送小孩的衣服、鞋子。做抓周礼时要放鞭炮。

（5）"取名"之礼

取名是婴幼儿融入社会的一个重要过程。官坝苗族的孩子取名时，有的按排行，有的按字辈。有的还会因生病、不成器、身体瘦弱等原因给小孩子取小名。比如，有一些小孩被认为不好养，主人家就会请算命先生算八字，看应拜祭什么，就叫什么。如拜祭石头，则取名石头，一般会拜祭大石头或茂盛的青山；在选择拜祭人时，会选择人丁兴旺、万事顺遂的人。但有的人家也会选择拜祭叫花子、铁匠等，认为这样小孩子会好养一些。比如，有一滕姓村民，其子属猴，则选择拜祭铁匠，因为只有铁匠才能管住猴子。而如今许多人家在给小孩子取名时，多参照万年历，看五行。比如说，五行里缺"木"，于是取名时带"森"或"林"等之类的字。

2. 婚礼

婚礼作为重要的人生礼仪，历来都受到个人、家庭和社会的高度重视，因此有关婚姻的仪式、礼节也最为繁复。在官坝苗寨，女方出嫁叫作"出闺"。如果女方家里只有一个女儿，那么男方就要到女方家，这被称作"独女招赘"。以前男女双方相亲必须先有媒人做媒，媒人在男女双方结合中可谓扮演着非常重要的角色。女方嫁到男方家三天后还要拿猪头、鞋子答谢媒人。现在，男女方结婚以证婚人为主，女方父母要给女儿准备嫁奁，包括柜子、衣箱、火盆、铺盖以及碗筷杯子等，这主要根据每个家庭的经济状况不同而相异。另外，当地还有同姓不通婚的习俗。整个结婚的过程大致可分为求婚、订婚、结婚三大步骤。

（1）"求婚"之礼

在过去，由于人们的思想相对保守，一段姻缘的结合都必须经由媒人来促成，并且在各个礼节中媒人都要前往陪同。求婚的过程一般分为三次进行。每次，男方都要带上酒肉糕点去请媒人。媒人第一次前往女方家主要介绍男方的基本情况，包括男方本人及其家庭的情况。女方如果对男方不满意，会以比较委婉的言语拒绝男方；反之，一般则不表态。媒人返回后，会把女方的态度传达给男方，如被拒绝，男方就会放弃，否则就表示还有希望，之后男方会再次请媒人去女方家说媒。这次男方会准备两份礼物，一份给媒人作为酬谢，一份带给女方。在当地流传着这样的顺口溜："豌豆花开弯对弯，背时媒人想鞋穿；板栗花开球对球，背时媒人想猪头；你手里端个梅花碗，这头吃了那头转！"由此可见媒人的重要性。若女方退掉礼物，则表示对男方不满意；收下礼物，则表示女方对该门亲事有意。稍后女方的母亲、伯娘、婶娘或嫂嫂会去男方家看门户。若对男方满意当晚会在男方家住，不满意就会当天返回。但两家如相隔比较远也不得不在男方家住上一夜，但第二天早上，女方走时，男方会打发一些枕巾、香皂、肥皂之类的东西，女方收下即定下这门婚事。之后男方又会带上双份礼物请媒人第三次去女方家说媒，这一次去就会商定日子订婚。

（2）"订婚"之礼

订婚的时候，男方会给心爱的对象买上几套衣服，给女方的祖父母送上一只猪肘子，给女方父母送上一大块肉。一般猪肘子不低于8斤，肉不低于7斤，俗称"七方八肘"。除此之外，还要走访女方的亲族，俗称"认亲"。认亲时，男方会给女方平辈送上3—5斤肉食以及一些酒和糕点。

订婚以后，需要选定日子放炮火，这一仪式比订婚更为隆重。男女双方把各自的亲朋好友请来吃"炮火酒"，亲朋好友虽无须送礼，但要给主人家送上炮火以示庆祝。在这天，男方的父亲第一次到女方家与女方的亲属见面，并带来两套大红烛、两炷用红纸包好的香及纸钱（纸钱用红纸盖住，表示喜庆），还要有刀头肉（正方形的肉），这些都会用来祭祀祖先。而且女方姑娘见到男方父亲要改口叫"爸"，同时，男方父亲要给红包，红包中一般包有12元或18元或24元双数钱不等。

放炮火的时间若定在端午节之前，男方还必须要"打端午"。"打端午"就是男方要到女方家走亲戚，并且要给女方家的直系亲属每家送30—40个粽子以及一些糖酒糕点。如果女方的直系亲属多的话，男方在端午节之前甚至要请人包几天的粽子。而男方给女方父母家的粽子会多一些，有40—60个，外加一只猪肘子，给女方姑娘买一两套衣服。男方走时，女方要为男方准备草帽、洋伞、衬衣以及女方姑娘亲手做的布鞋还有红包作为"打发"。

放炮火后要插香祭祀祖神，男方会把自己的生辰八字写好放在专门的红盒子里送到女方家，女方把男方的生辰八字抄下后，会把自己的生辰八字写好放在这个红盒子里交由男方。男方会拿着二人的生辰八字去请先生测期，用大红纸写好期单送到女方家，女方会根据先生的建议选择婚期，看这个时间对于女方是否合适。如不合适就要求男方改期，如合适就订好日子结婚，并且男方会告诉女方迎亲当天会送些什么东西给女方。

（3）"结婚"之礼

结婚前男方会做一些准备。结婚前男方要找好结婚期间帮忙的人，帮忙的人一般包括抬嫁奁的人、两个青头姑娘（未嫁女子）、一个妇女、一个带宾先生（又称带宾官）。带宾先生一般选男方的亲姑爷、姐夫、妹夫中懂规矩、懂礼节、会说福事的人，如果直系亲属中没有这样的人，就请同族房的人。

在结婚前两天，带宾先生、媒人、新郎及一些帮忙的人带着用红纸包的盐、茶、方肉前往女方家圆礼。此时，男方要送去之前娘家人已认可的嫁衣（一般是三套）、牙膏牙刷、香皂、杯子、鞋袜等东西。到达女方家门外，先放炮火，称为打狗炮，意为撵狗和递信。当男方把装有东西的柜子抬到女方家后，男方主事人就要把红包放到箱子里，女方会出来迎接，媒人夫妇走在前面，带宾官、新郎、帮忙的人依次进入女方家。进屋后，女方"支客士"（婚丧过程中负责帮事主家招呼客人的管事人）接走盐和茶，并将其在火上煨好，再点香、蜡、纸草，并倒好盐和茶，与刀头肉一起全放在神龛上，用以敬祖。然后，女方会派童男童女或是一对亲人开红包，并检查东西是否齐全，若东西不够，则男方带宾官必须买齐所差的东西。吃过午饭之后，男方"过礼"才算完成。圆礼的当天，媒公随男方回家，媒婆则留在女方家，又叫"当客走"，而女方家招待各位亲朋好友吃酒席或是娱乐。

在结婚前一天，女方家里白天要请客人吃饭，叫作"花颜酒"。在吃花颜酒时，女方会把亲戚朋友都请来，亲戚朋友则给女方送肉食、猪肘子、钱等，现在大多数都送钱给女方"填箱"。到了晚上12点以后，就进行关髻礼，新娘洗澡洗头，再由两个婶婶为其梳头、开脸。关髻礼结束后，新娘出闺房至堂屋敬家先、哭嫁。敬家先时由支客士引导新娘三拜九叩。哭嫁时，新娘要站在放置在堂屋中间的箱子上。哭嫁是官坝苗族一种传统习俗。在以前，女方一般在出嫁前的半个月或者一个月就要开始哭，又称为"打花姑娘"，姑娘哭嫁时是不准外人看的。新娘要在自己的闺房里哭并且还要按照顺序哭，先哭爹妈，再哭奶奶、外婆、姑嫂、舅舅、外公、姐妹等。滕家还有一处保存比较好的老房子，老房子的窗户都比较高，即使个子很高的人也看不到里面。据说，这样就是为了在姑娘哭嫁时防止外人看见。现在，哭嫁也是随新娘自愿而定。

在同一天晚上，男方也要在自己家里敬家先。敬家先时男方要带香插在堂屋神龛上，还要请个"能干人"向祖先、父母、爷爷奶奶讲些好话。

　　娶亲因两家相隔的远近又区分为登门亲与隔夜亲。登门亲即一天完成娶亲过程。新郎、带宾官、帮忙的人大清早就出发来女方家，在门外先放炮火。女方听见炮声后就会关闭大门，这时带宾官要说撞门礼，直到说得女方满意，支客士方才开门迎客，安排新郎、带宾官及抬嫁奁的人到两边火炉就坐。同时，女方家的支客士、伴娘及高亲会接男方的青头姑娘和接高亲的妇女到新娘房中，长辈要走在前面。其间会安排吃早饭，然后等待发亲。男方接亲时要先给厨师红包，原因是山路难行，厨师为大，吃饱了才有劲走山路。

　　发亲也叫送亲。送亲的人数以 2 人或 4 人或 6 人等双数为宜，在年龄上无限制，一般是女方的叔叔、婶婶、侄子、侄女四个或六个人，他们又被称为"高亲"。一般姐姐不送妹妹，当地流传有这样的说法"哥送妹，荣华富贵；姐送妹，穷九辈"。另外，还有同姓的人不送回头亲的习惯。送亲人和新娘到男方家的时间是之前就定好了的，有一定的讲究，但并没有统一的要求，都是因人而异。带宾官先请帮忙的人到女方堂屋作揖，作揖之前带宾官把男方的红包交给女方支客士，由女方支客士再把红包、烟等分发给抬嫁奁的人。接着作揖、捆嫁奁，然后帮忙的人按原来的分工把嫁奁搬到喜杆（由两根长竹子和半块杉树构成，形似扁担）上捆好，等待发亲。这时，带宾官点上两对红烛，上香烧纸，然后喊"请某某贵府发亲"，新娘就由兄弟或叔叔用背喜带从闺房背至堂屋，背新娘是为了防止新娘踢到门槛，因为当地人认为踢到门槛对娘家不利。新娘在堂屋行完礼，告别完祖先、父母、亲人，就由等候在门外接亲的人用撑好的露水伞迎出新娘。

　　发亲时，新娘在前，搬运嫁奁的队伍在后。此时，带宾官则站在大门的右边或左边，并喊"请高亲动步"。接高亲的妇女会过来给高亲行礼，然后转身在前引路，带宾官随后跟上。到男方家，一般是靠步行，有钱人家也有新娘坐花轿。新娘出门时不能带任何钱财，脚不能落地。迎亲队伍去男方家的途中，一路锣鼓喧天，还要经历过桥礼、过河礼、过街礼、过县礼，帮忙的人拦轿子，只要给喜烟或者红包就会放行，就是为了热闹。

迎亲队伍到了男方家后，帮忙的人放下嫁奁，男方支客士把红包和香烟发给帮忙的人。若柜子在最前面，则每人都有红包；若箱子在前，则只有抬箱子的发红包，其余的就只有香烟。然后，就解开绳子，男方铺床的人（铺床的人一般为 50 岁左右，童子婚姻，门下有儿子，且家庭百事顺利）将铺盖和蚊帐抱走，铺好床，新人床在结婚前夜会由男方母亲去压床。铺床人在铺床时还会说福事，类似多子多福、夫妻美满一类的话，铺好一样就说一样。当然，铺盖里也有红包。与此同时，新人房外，由男方家找之前生儿子的夫妻做引路人把新娘从门外往屋里引，希望新婚夫妇往后也生儿子，能延续香火。在门槛处要脱鞋，新娘、新郎都要在门口换上新娘自己做的鞋子，叫作"踩堂鞋"。紧接着，男女牵拜，由司仪主持拜堂（以前叫接蜡）仪式，新娘新郎请入洞房。这时，门外开始响起炮火，新娘新郎就开始抢房，按照习俗，哪个先坐到床头，就表示哪个以后更"厉害"，会当家，可以掌管家中财物以及拥有对重大事项的决定权。不过，现在新郎不会去跟女方抢，而是让着女方。等双方坐好后，男方的侄儿侄女就给他们倒茶，称为和气茶，新郎先喝，新娘后喝；不过新娘也可以故意不喝，假装"冲着来"，可以为日后在男方家获得地位做一些铺垫。

然后，伴娘要给新娘象征性地梳头发，还要给新娘洗脸，往火盆加火。当然，新娘要给"服务人员"派发红包，以显得喜庆和慷慨。这一系列程序都完成之后，新娘进屋仪式才算完成。另外，需要补充的是，孕妇和寡妇一般不能进入新娘的房间，否则新娘新郎不和气。与此同时，在新娘新郎开始抢房后，高亲才能进堂屋，因为他们不能看到新娘新郎拜堂。他们各自坐在一个房间，各由男方的女亲、男亲来陪。女高亲坐的房间可以挨着新人房，或者她们也可以进入新人房，而男高亲坐的房间隔新人房远一些，一般他们也不能进入新人房，只能在交亲时或之后进去。一切办妥后，就开始吃饭。吃饭也有规矩，一般男高亲和女高亲先后各坐一席，因为高亲客是要安排在上席位置，男女高亲就不可同时安排，也许是男女有别或男尊女卑的原因吧。

宴席上，新郎要给高亲和在座的客人敬酒，而新娘则要待在新房里不能出来。吃完饭，高亲由男方亲戚带着在房前屋后走走，或者摆摆龙门阵。等到各路客人以及前来帮忙的人都用完餐后就闭席，晚上十点钟左右再吃夜宵。宵夜后，就开始闹洞房。

闹洞房时除高亲外，所有人都可以参加。当地人有"三天内不分大小"的说法，即新人新婚的头三天内，大家可以不分长幼尊卑，随意嬉闹。闹洞房时，未成婚的姑娘是不能碰新娘的床的，否则会给新婚夫妇带来不和气；另外，大人、小孩都可以随时向新娘索要零食，有"手拿钥匙响叮当，新人拿起开银箱，少吃花生多吃糖……"的说法，闹洞房是因为传说中新房内有白虎精，人们通过闹洞房来赶走它。闹洞房之后，新郎要给高亲送洗脚水烫脚，同时新郎嘴里还要念念有词："高亲劳驾，新贵人……"，而高亲要陪新娘在新郎家住三天。

按照官坝苗寨的约定，婚礼结束后的第三天高亲要陪新娘一起回娘家，称为"回门"。在高亲走之前，男方家要给高亲摆酒席送行，称为"走马歇"。席上的座位都是安排好的，不能乱坐。席上不可缺少的一道菜是猪肘子做的菜，高亲要给厨子发红包，新娘此时要给高亲和在座的丈夫家亲戚敬酒，当地人称为"认亲"或者"交亲"。高亲离开男方家回女方家时，站在大门口，给男方父母亲讲一些感谢的话就动步了，此时男方家燃放鞭炮，新郎送高亲。高亲边走边扔红包，但不回头，新郎捡一个红包就敬个礼，直到送到村口，就彼此告别了。同样，依照习俗，新娘在回门时也要带些糍粑、瓜子、糖、烟之类的东西。而现在，一般高亲第二天就离开了，如果高亲要第二天走，则在举行婚宴的当天晚上就要交亲，由支客士组织，男方的姑爷姐丈、亲叔伯、父母、媒人、女方的送亲客等人参加，男女两家相互说一些表示谦虚鼓励的言语。翌日，送高亲走，同样，高亲走时，新郎行礼，高亲给红包，就此告别，整个婚礼过程也算就此结束。

3. 葬礼

葬礼是人生中最后的礼仪，表示一个人最终脱离家庭和家族，也标志着人生旅途的终结。对于官坝苗寨人来说，人死了算"白喜"，与结婚时的"哭嫁"不同，他们反而要"跳丧"，以欢快的形式给老人告终。当地有"生时喜酒死时歌"的说法，表达出官坝苗族对待死亡的豁达人生态度。

图 47　官坝苗寨的葬礼

官坝苗族的葬礼与周边的土家族、汉族、侗族无论是在葬礼举行的程序上还是在葬礼的内容上，都没有太大的差别。官坝苗寨家中老人去世后一般实行土葬，以前家户如有人夭折，通过巫师举行仪式可施行其他葬法，如火葬。苗寨家里的老人，一般都提前为自己准备好棺材。有的甚至在 50 岁左右身体很强壮的时候就已经准备好自己的棺材，或者制作棺材所要的木材。他们一般都说为的是以后不给子女增添负担，当然这只是一种说法，但至少反映出苗族成员懂得人的生命规律，不惧怕死亡，也不回避死亡。对于官坝苗寨人来说，人的正常死亡算"白喜"，与婚嫁、添丁一样同为喜事，只是后者称为"红喜"。哪家人去世了，周围的人不请自来，主动帮忙，这一习俗反映了苗族人们团结互助、和睦相亲的处世哲学。

官坝苗族的丧葬仪式贯穿整个丧葬过程，大体上可分为落气前、开路、开悼、发丧、送火、拦社六个步骤。

(1)"落气前"之礼

人死之前，在弥留之际，家族内的成员将寿衣给他穿上，再将垂死者抬至堂屋。抬的过程中，死人的手不能碰着房门的门框，认为碰着后会对后人不利。抬入堂屋后，让其在摆好的寿椅上坐好。据了解，官坝苗寨过去共有四把寿椅，哪家人去世就哪家拿去用。快死的人被放入寿椅坐好后，由他的儿子或是孙子两边扶着，如果垂死者坐在寿椅上很久不落气，他的儿子就会说一些让老人安心的话来安慰老人。如"父亲，您如果累的话就早登极乐，不要担心我们这些小辈，您安心的走"等，以便让老人无牵无挂不留遗憾地走入另一个世界。这不是不孝的行为，而是让老人死前少受折磨、少有遗憾，是作为孝子应有的行为。死者落气时要烧"落气钱"，放落气炮火。"落气钱"烧后的纸灰要用钱纸包好，入棺材时放入死者的手心，男的放在左手，女的放在右手，以便亡者能够将"落气钱"顺利带走。

老人刚去世后，由他的孩子或是直系亲属用白布为其擦身，先在胸前擦三下，再在背后擦三下。然后要给死者穿上衣服，要穿单数件，一般是三件或七件。穿衣之后，在地上铺一张席子，把死者放在席子上让尸体变冷，称为"停尸"。席子的位置要放在堂屋中，但不放正中，依性别而定，男的放左边，女的放右边，意为下榻。之后，死者的家属就会去请"先生"(道教道士或佛教道士)做法事超度亡魂，并把准备好的棺材搬入堂屋，要等先生到后，才为死者开路入棺。一般有六位或者十位先生一起来为死者超度。现在大多由一位先生做法事，称为"掌坛先生"。先生帮子中有四人打锣鼓，跟着掌坛先生围着棺材转，叫"绕棺"，专称"半堂锣鼓半堂戏",即跳丧;现在,棺材上一般还要盖有红布,称为"棺罩"。
这是第一步,称迎尸入材。棺材前摆上火盆、垫子、香等以供敬
拜。人死的头三天家人是不能睡觉的,被称为"三天红葬"。同时,
主人家就要去找帮忙的人。首先要请一位都管先生,一般选择族房
里对丧葬礼仪非常熟悉,人际关系很好,且做事有条理的人,再由
他安排去请人来帮忙。帮忙的人请到后,首先都管先生或根据掌坛
先生的建议来定亡人入土的时间,然后安排人去报丧。都管安排负
责有关厨房、茶水、灯火的人员工作任务,人员定下后,写下执事
单,用白纸写好张贴出来。都管要帮忙的人员按执事单安排的工作
各司其职,照章行事,把事情圆满完成。现在,一般是将死者安置
好后,就会放爆竹。听到爆竹声,三代同堂的亲人以及周围邻居会
自动到死者家里来帮忙,有"人死棺自开,不请自然来"的说法,
如果没人来,就说明这一家人人缘在村子里很不好。

(2)"开路"之礼

开路,又称开五方(东西南北中)。先生做法场,让死者入棺。
先生在前,孝子在后。孝子随着先生下跪、弯腰等动作绕着棺材
走。先在棺材底铺三尺三寸白布,放一个三角形的枕头,枕头角朝
着人睡的方向,死者放入棺材后身上盖五尺三寸旧被盖,旧被盖底
子是白布,面子是火红的布。入棺时要燃放鞭炮,燃放鞭炮后就将
棺材盖子盖下,但不能盖实盖死,要留点空间透气。据说以前老人
去世有突然苏醒的情况,盖棺留点缝隙是为了防止可以苏醒但又被
窒息的情况发生。在农村,判断人是否已经死亡有时确实是一件难
事,可能老人有时出现呼吸暂时停止,家人却将其误判为死亡。在
调查中得知,离官坝不远的一个社区,一位老人被认为"已经死
亡",后在棺材中苏醒,居然还活了十多年才死。

掌坛先生要为死者设灵位。用两个高长板凳架起棺材平放于堂
屋中间,死者脚下的地面上放上事主生活中使用过的筛子,并用石
头掂高架起,下面点着用碗装的青油灯,这样表示亡人路上有灯有
亮。灵堂设好后,请圣人。即请各路菩萨,需要烧纸、倒酒,称

"下赴丧堂，主盟超度"。再开坛，拿着刀头肉（专用来敬神的呈四方状的猪肉）去死者生平吃的水井旁做法事，用罐盛水，水罐留待棺材下井后放置于棺材外面，并用薄石板盖好。水准备好后还要洒净，即先生拿着灵牌边唱咒语边在棺材四周洒水。随后安灶，即在死者生平吃饭的灶房做法事敬灶神，目的是请菩萨防火防盗。紧接着就开坛请圣超度亡魂，即给堂屋靠右手边供奉的神烧香，如地藏王菩萨等诸多阴间菩萨都属于该神系列。请神完毕后，还需做法事请灯，或称迎灯。一般先请十殿王灯，按照顺序为秦广朝王、楚江朝王、宋弟朝王、五官朝王、阎王天子、卞成朝王、泰山朝王、平等朝王、都市朝王以及转轮朝王。把这十个代表神的灯分别请入堂屋放在棺材上，每请一个神要做一次法事，即一灯一忏一绕棺。有的事主家在请完十王灯后，还会根据死者的性别，男的还要请弥陀灯，包括：上品生三灯、中品生三灯、下品生三灯及九品往生灯，共十盏，请灯仪式和请十王灯相同；女的要请血湖灯，也为十盏，包括：一殿温育、指示狱王；二殿良久、施恩狱王；三殿恭候、妙影；四殿俭兑、慈悯；五殿让忍、悲思；六殿乾开、恩泽；七殿元始、复舅；八殿亨悠、施舍；九殿利生、脱苦；十殿贞净、普护。请完这十盏灯后，与男性不同的是，这里还要为女性死者破血盆。先生要用盆装经调和而成的"红水"，喻为血水，里面放着一个碗，碗下盖着一个鸡蛋，碗上放着一只纸船，还要准备一条活鱼、一只活鸡公、一个塔状的血湖灯。首先，先生将血湖灯放在堂屋门口，然后绕棺绕塔做法事，这时孝子要跪于灵前，先生在做法事时手端着盛满"红水"的碗，并用勺子将"红水"喂死者的儿子女儿、媳妇女婿喝，表示喝血水、破血盆。因为母亲在生育儿女时带有血腥，这些污秽的东西是不能带上天的，所以儿女要替母亲喝血水，以示为母亲解罪。解完罪后还要放生，先生在做法事的过程中活鱼放在水中，把鸡子放向野外，以示放生。请灯仪式完成后，棺材上共放有 20 盏灯，这些灯一直点到第二天天亮。过去是有人不停地加灯油，现在是用的电灯。把灯请好后，死者的家人每天晚上都要守灵，直到做大夜。

很明显，掌坛先生所做的法事道教文化因子较多。官坝苗寨属于西南地区一隅，在文化上具有显著的西南地区特色，而道教文化在历史上很早就进入西南民族地区人们生活的方方面面，这也就是官坝苗寨丧葬仪式中道教文化特质明显的原因。

（3）"开悼、坐大夜"之礼

开悼以继嗣群而分父档、母档。如果是父亲去世，就是父亲的亲叔伯弟兄，亲房弟，侄儿侄女为大，他们就要戴孝。如果是母亲过世，就是后族母亲的侄男侄女为大，他们就要戴孝。"开悼"时亲戚的亲疏远近关系分得比较清晰，按"正辈（亲儿女、女婿等）""侧辈（侄子侄女等）"，以及"下辈（胞侄、堂侄等）"加以区分，其中正辈被称为是"亲孝"。在以前给正辈的孝帕要撕成两块，每块长五尺，而侧辈的就短一些。现在为了不引起纠纷和争执，都统一将五尺长的白布撕成两块，只要是戴孝的人就要"守丧堂"。开悼之夜，这些侄儿侄女来的时候，要烧香，主人家需给这些孝子分发孝帕；同时主人家要下跪，直到对方作揖后主人才起来，与此同时，大家一起闹夜，也有人跳丧舞，打大绕棺，类似鄂西南地区的"撒尔嗬"仪式。

（4）"发丧"之礼

翌日清晨，掌坛先生做法事谢灯。发丧的程序是，掌坛先生把灯从棺材上取下收好，然后就开棺，让所有的亲人与死者见最后一面，然后用石灰浆把棺材盖与棺材合拢的地方糊好，一般在肩膀位置（男左，女右）上方二三寸位置不糊，认为这样他们的魂魄可以从留的缝隙中出来，这个过程称为立盖子。再辞灵奠酒，孝子跪在灵前给家父、家母敬酒，然后发丧。道士手拿鸡公，席帐，往棺材上放一碗水，边念咒语边扯鸡毛，然后就喊"起"，即发丧。抬棺材的人把棺材抬出来，一般花圈在前，并有一个人丢买路钱，在送花圈时不同辈的人都要送，即使是很小的孩子，也要在父母的带领下送花圈，有"父母身上好安钱，儿女身上好安钱"的说法，也就是说要懂得记父母恩情，守忠孝，特别是父母过世后。孝子则在前面抱着灵屋和灵牌，棺材紧随其后。埋葬的地方是阴阳先生在埋葬头一天根据死者的生辰八字选定的地方。棺材下地前，正孝子（亡人的儿子或女儿）把头上的孝帕解下来横着铺在井头，其他的孝帕不能用来做鞋子、短裤，用作其他都行。另外，以前老规矩正孝子要戴孝七七四十九天，现在一般戴三天，也可只戴一天。若不戴孝帕，则把孝帕叠好压在枕头下，表示在敬孝道。一般由最小的儿子跪在棺材上，挖三撮泥巴（寿土）放在棺材上。等他下来后，帮忙的人一起将棺材拉进挖好的井里。紧接着，就用鸡毛、石灰来告界，表示从东西南北中五个方位在阴府给死者圈了一块地。然后开始垒坟，与此同时，掌坛先生边做法事边烧灵屋、纸钱，直到坟墓垒好。

图48　亡人墓碑

人去世后，一般没有随葬品。如果是谷雨时去世，亲人们会在逝者嘴巴里放一点茶叶，因为谷雨时的茶叶最好，其用意是"为了亲人黄泉路上不会口干，也不想让他喝忘魂汤，想帮助他记住自己生前"。坟墓为长方形，墓碑顶上有个特殊的图案——麒麟，意为压邪，子女根据自己的能力选择为去世父母立碑。一般每年扫墓两次：清明和春节。清明时，一般扫墓用品用白色清明吊，女儿可以用红色清明吊祭祀已故亲人。

图49 房后墓前的"清明吊"

大年三十下午全家人吃团年饭之前，家人一般要去墓前祭扫，把祖宗都接回来团年。团年的饭菜上齐后，要先请亡人吃饭。元宵时再把亡人送回去，要送亮，即送灯、点蜡烛。一般从三十到元宵，家里的灯或者蜡烛会一直点着。

（5）"送火"之礼

在死者入土后的三天时间内，每天日落时分，儿子、媳妇、女儿、女婿要给已故的家人送火，称为"三天守孝"。送火时需准备一个草把子，死者有多大年纪就在草把上挽多少转。同时准备蜡烛、纸钱、香以及一个清明吊，由家人按顺序一次点亮两根蜡烛，再插三炷香，烧纸，再三拜。所有人都完成后，就要放鞭炮。一般在送火第三天（有的在第五天或第七天）就要把花圈烧掉，坟周围的柴棒等杂物也要烧掉。烧火把时一并把先前给死者擦身的布一起烧掉，看这块布显的是什么形，若显形的是花，则转世投胎为女性；若显现的是别的图案，则表示投胎为男性。一般死者在葬后第三天回煞，当地人会在死者经常出入的地方撒上灰或是石灰，看死者回来后踩在灰上留下什么脚印，以此推测死者在阴间变成什么，是否过得好。民间一般认为死后变成猫最好，因为猫与人类比较亲近，讨人喜欢。死者的家属在此后会请道士选定吉日立碑。无儿无女的死者一般会立生祭碑，即在生前就自己花钱把坟地选好，然后在坟前立碑。当然也有儿女在父母还健在的时候选定墓地，为父母立碑，让父母可以看到死后自己的"家"。

（6）"看灵、拦社"之礼

在人死后头三年要"看灵"，即每年过年时都要先祭拜祖先，再去拜见其他的亲人。根据官坝苗寨的习俗，在人去世的头三年，还要"拦社"。在"拦社"期间，该家户三年内都不能自己做社饭，但可以吃别人家里做的社饭，否则蚂蚁就会多。在当地人看来，"拦社"其实就是拦蚂蚁。在"三年拦社"期间，死者的女儿、儿子、女婿、儿媳必须参加拦社。拦社的形式每年都是相同的，三年后主要由儿子负责，主要是在清明节前给亡者挂清明吊，而女儿可以参加也可以不参加。2009年3月8日，我们课题组成员参与了官坝陆家为去世的奶奶的拦社活动，其过程是：他们事先准备好蜡烛、纸钱、香、鞭、炮，全家大小一起来到死者的坟址，先把坟周围的杂草烧掉，再一个一个挨着点蜡烛、烧纸、烧香、祭拜，连年仅一岁的孙子也在妈妈的带领下参加拦社仪式。敬香烧纸行礼仪式之后，人们走到墓旁，再点燃鞭炮。拦社过后，也就意味着死者和其亲人做了正式的分离，家人会在逢年过节时给故人上香、烧纸，给坟添土，表达对故人无尽的怀念。

调查发现，在官坝苗族整个丧葬习俗里面，也有一些特例，比如：非正常死亡者、死在外面的不能抬进堂屋，认为硬尸进屋不吉利。小孩夭折后，则无须请先生，只用匣子装好，等到太阳落山后抬到比较偏远的地方随便埋葬。

第二节　官坝苗寨的习俗

苗族是一个讲究礼节和好客的民族，而节日又是讲究礼节和表现好客的一种最好的载体。通过节日，苗族成员可以在社区内互动，联络感情，整合族群内部和族群外部的感情交流，达到一种和谐相处的目的，营造一种和谐的社会氛围。有了节日，社会网络多了一份凝聚；有了节日，可以激活社会各方面的积极因素。如果说官坝苗族一年之中最重要的节日非春节、社节、月半莫属，而浓缩在节日中的各种习俗则体现出了官坝苗族传统文化的个性。

1. 送灶王菩萨

腊月二十三，一般又称为过小年，是过年前的一种"演习"。过小年重要的环节是敬灶神。"腊月二十三，送灶王菩萨上天"，灶神给主人劳累了一年，要在这天上天去休闲一段时间。族人为了感谢灶神，就在这天专门去敬奉他。这一天，家家打"堂煤"，屋里屋外大扫除，然后摆上刀头牙盘，在灶前烧纸，让灶王爷酒足肉饱之后送灶王上天。

2. 挂新坟

父母过世后的前三年，逢在腊月二十六之前，子女要到父母坟前焚烧纸钱，垒坟祭祀。大年三十或正月十五都要给故人送亮，也要点蜡烛、烧香、烧纸、放鞭。

3. 吃年嘎饭、烧年纸

进入腊月，新婚儿女要接女到娘家过小年，俗称"吃年嘎饭"。到了腊月二十八，就要烧年纸。

4. 年更饭

年更饭，又叫年羹饭、年夜饭、分岁筵、团年饭。很特别的是，官坝苗寨陆姓家族在腊月二十九子夜要吃一顿年更饭，只用素油，用豆腐煮白菜，不吃荤，以纪念家先。

5. 喂年嘎饭（喂年羹饭）

不仅人要过年，在大年三十还要给果树喂年羹饭。用刀在果树上砍一些口子，将米饭塞进口子，并且嘴里还要念叨：接不接（果）？旁人答：接！继续念：落不落（果）？旁人答：不落！一年四季接成陀！寓意在新的一年果树能有较大程度的丰收。

6. 团年饭

除夕这天晚餐，称年饭，意为一家老小全部聚集到一起吃年饭了。吃年饭是神圣的时候，没有外人参与，一般都不串门。年饭做得十分丰盛，三十的晚上要打粑粑，烫绿豆皮，吃猪头猪尾。哪怕过去再穷，官坝苗族也要想方设法把年过好，有"叫花子都有三十夜"的俗语。吃饭前，家家户户贴对联，到井边、土地堂前、猪栏边、龛堂前、大门外烧化纸钱，燃放鞭炮。吃饭时不许泡汤，传说泡汤了，来年的阳春不好做，庄稼要遭水打砂压或垮田坎。

7. 吃菜粥过大年

官坝苗寨相传祖先陆志贵在300多年前带着四个儿子从湖南麻阳迁到湖北宣恩麻里洞的那天是大年三十，正是忙年时，朝廷镇压苗民起义的大兵来了，陆志贵与几个儿子只喝了一碗菜粥就仓促逃走。为了不忘祖宗，官坝陆氏每年农历腊月三十必吃菜粥。

8. 烧旺火

三十夜幕降临，家家要烧"旺火"。将事先砍来的"年竹"同其他杂柴一起烧燃，然后以这节"年竹"作为火种，一直要保留到正月十五，乡间有三十夜不能断火和在正月十五前不许到别人家取火种的习俗。夜间，一家人围着"旺火"谈天说地，一直要坐到午夜，俗称"坐寿"或"守岁"，坐得越久寿年越长。

9. 拜家先

年三十晚上敬拜家先非常重要。敬拜家先时要烧香纸，要在神龛上点蜡烛，还要供奉猪头、茶、酒等。敬家先时先把饭菜摆在桌上，再上香，要给家先"敬猪头"，"敬刀头酒"，把酒撒在地上。据官坝滕家讲述，家先的牌位是用红纸做成，纸中间写上大字，两边写小字。在"破四旧，立四新"时就开始供奉毛主席像来代替家先。即使是现在，当地人每家每户都供奉有毛主席像。现在官坝苗寨家家户户都很崇拜毛主席，堂屋神龛上都挂毛主席像。

10. 开财门、抢头水

开财门、抢头水是官坝苗寨的传统习俗。正月初一凌晨非常热闹，小伙子把大门一开，鞭炮一放，就去门外将事先准备好的一捆柴抱进屋来，跨进大门时，大声说："财（柴）来了，财（柴）来了！"现在已经演变为大年三十一过子夜便开"财门"。

小伙子放鞭炮"开财门"，姑娘少妇或小伙子就去井里或河里挑水，都想在新的一年到来的时刻挑到第一担水，俗称"抢头水"。抢到"头水"的人，就会被全村人称为最勤快的人。抢到头水，象征已抢到祖宗传下来的第一担金水银水，就会发家致富，而老人和孩子是不能去抢头水的。

11. 玩年与拜年

正月初一，本家后生小孩给长辈们拜年，受拜者要给小孩子打发"压岁钱"。正月初一早上，用餐不能吃米饭，一般要吃面食或糍粑，有的还要发油粑粑。其意为如吃饭，当年苍蝇就多。从正月初一到十五日，这半个月都是玩年和拜年的时间。在这段时间内大都是给亲戚拜年、玩龙灯，有"初一崽、初二郎、初三初四女拜娘"的俗语。特别是"新客"拜年，接待十分隆重。所谓的"新客"，就是小伙子结婚后的第一个春节去拜年做客。拜年礼物必须把岳父族房人家户户送到，长辈送猪肘子，同辈送一块肉，请客吃饭从大到小依次进行，一户一天，往往一进行就是十天半月。

祭拜祖先家先是苗家人过年的一桩大事。谈及祖辈家先时，现今官坝院子主要居住的为陆姓、滕姓人家。据老人们口述：陆姓、滕姓最初居住在江西，明初迁至湖南麻阳，后因不满朝廷的统治，遭到政府的追剿，他们中的一支遂迁至湖北省宣恩县麻里洞居住。由于人丁兴旺后对生活以及居住条件提出了更高的要求，他们中许多人便来到官坝。

为纪念和感激救了陆家性命的马伏波将军，陆家人修筑了"伏波庙"，每逢节日，便带上刀头肉、酒、香、火纸去拜马将军。但"文革"后，"伏波庙"被捣毁，现在的陆家人已没有场所去祭拜马元帅，只能在心中、言语间表达陆家人对恩人的感激之情，逢年过节，家里的猪头都要朝伏波庙的方向摆放。

迁居后的官坝苗人，对祭祖这一大型活动已没有往日那么崇敬，约在20世纪70年代，官坝陆家家族举行过一次大规模的祭祖仪式，参加祭祖的人数多达2000人，主要是为祖坟翻新，重新立碑，让陆氏家族的人了解陆家的来龙去脉，加强族人的团结、凝聚力及家族意识。

12. 拦社

拦社，即是在春社日前祭扫三年内的新坟。第三年最隆重，称圆坟，主家请亲戚人家送一"拨"和多"拨"花锣鼓班子，准备酒食及纸扎的旗、伞、宝盖等祭品，敲敲打打到坟前祭奠，举行安魂仪式，给坟挂红色的祭帐，在坟前表演狮子、耍耍、莲湘等文娱活动。此俗源自古人灵魂不灭的观念，认为死去的人三年内灵魂仍游离于人世间，三年后经举行一定仪式将其送走，才真正进入鬼魂世界。因仪式与死人下葬所行仪式相似，民间有"重埋一道人"之说，可能与二次葬俗有关。

最特别的是，若家中有人过世，该家中便会"三年拦社"。三年内不能自家做社饭，若该家做了社饭，便会招引许多蚂蚁，这些蚂蚁会去踩踏逝者的躯体、魂魄。这是对死者的不尊不敬。拦社，即把蚂蚁拦开。

社节是苗族祭祀三年前去世亲人的节日，在社节这天，在世的亲人们要在去世人的坟头杀猪宰羊，扫红挂白，还要把亲人去世时所戴的孝帕也在坟前烧掉。这是族人对去世亲人最隆重的一次悼念活动。按民间传说，到了每年的七月半，去世的先人们都要去赶云南大会（民间传说阴界地府的一次大会）。这样在世的人就要烧纸钱给去世的先人解钱，这样就能使先人赶云南大会有盘缠，不会受到冷落和下贱的待遇。在官坝苗寨，就是没有过七月半节的人家，也要给去世的先人烧纸解钱。

吃"社饭"即是采摘野生香蒿，经切碎、搓揉去苦水、焙干成社菜，与腊肉丁、豆干丁、野葱、大蒜苗、糯米、黏米等混合蒸熟成社饭，请亲朋好友合聚品食，并相互馈赠。

此俗源自古人社祭，社饭原是敬祀土地神的饭，现演变成具有民族特色的饮食习俗。由于社蒿（青蒿）具有很好的药理作用，能治疗和预防"伤、肿、痛、痨、疟、痢、痔"等多种疾病，所以社饭是土家人的传统药膳。随着时代的进步，社饭越做越精，成为恩施佳肴，现在社饭被评为恩施州十大名吃之一。

社祭是我国古代最重要和最隆重的农事祭日，秋社衰微很早，春社遗风只在官坝苗寨一带残存。社节具有原始性、神秘性、民族性、地域性，完全自然传承，在社节中，人们受到传统文化的濡染和启发。

第三节　官坝苗族人生礼仪与习俗的特点

官坝苗族的人生礼俗内容丰富，形式多样，在少数民族非物质文化的宝库中占有重要地位，是官坝苗族人们宝贵的精神财富。课题组通过调查分析，认为官坝苗族人生礼俗主要表现出民族性、继承性、混融性、人本性和发展性等特点。

1. 民族性

人们普遍认为，苗族的人生礼俗是他们长期以来所坚守和信奉的为人处世原则，是本民族在长期的生产生活实践中逐步形成和积淀的文化成果。这一成果与异域苗族、其他民族存在相似之处，同时不乏自身的民族特色。整个人类发展的历史证明，任何文明成果的形成都离不开相应的环境，苗族的人生礼俗当然也不例外。苗家世代居住在偏远山区，民风淳朴，讲究礼节。无论是早期的湖南麻阳，还是今天的咸丰官坝，都属于西部山区，这既是苗族人生礼俗形成的土壤，又是保存苗族文化个性的天然屏障，从而使苗族的民族特性得以保存。

2. 继承性

尽管客观环境已经改变了，但是大多数风俗习惯依然被苗族人们信奉和坚守着，因为他们的文化根基主要在麻阳。所以我们今天看到的官坝苗族人们的许多礼节，有的是直接继承麻阳苗族先辈们的礼仪，有的是在此基础上的变更和发展。

3. 混融性

苗民们来到地势平坦、土地肥沃、水草丰腴的官坝之后，自然环境和社会环境也发生了改变。他们要想生存下去，就必须适应这里的环境，适应这里的文化。由于这里长期居住着汉族、土家族、侗族等民族，新迁入的苗族在与他们的交往中很快接纳了许多汉族、土家族、侗族的文化因子，同时又把自己的文化传给其他民族，使苗族文化与土家族文化、汉族文化、侗族文化不断融合，从而达到相融共生的和谐景象。

4. 人本性

在官坝苗族的人生礼俗文化中，有许多内容表现出了对人的尊重，对和谐社会的诉求。比如，年轻人与年长的人同行，或晚辈与长辈同行，要让年长的人和长辈走在前，自己走在后；同桌吃饭时，要让长辈坐上席，给长辈夹菜；夹菜要注意把鸡头（或鸭头）夹给长辈吃，不能自己吃；若是鸡腿或鸭腿，就要夹给小孩吃，也不能自己吃掉，如此等等。这些礼仪反映了苗族尊老爱幼的美德，对他人的尊重与关怀。

5. 发展性

官坝苗族的礼俗文化作为一种非物质文化资源，在新的社会环境中，应不断增强适应性。在保留本民族文化特色的基础上，通过积极创新某些文化的形式和内容，使其具有新的生命力，以保证苗族文化不断发展。

总之，人生礼仪和习俗是一个民族的重要文化形式，是一个民族区别于另一个民族的显著标志。咸丰官坝苗族民众的人生礼俗是在特殊的环境下积淀和形成的一种苗族文化。它体现现代但不分离于传统，不断变迁但忠于本源，接纳其他文化但又始终保持本民族的特色。这就是苗族文化如今更显其强盛生命力的原因所在，同时也是我们探寻苗族文化、挖掘苗族文化、建设苗族村寨的真正价值。

第 八 章

官坝苗寨的文学艺术

官坝苗寨传统文化丰富多彩，民族风情和地方特色浓郁，感染力强。在历史发展过程中，为了族群更好地发展，其成员总是把历史上传承下来并对族群发展有利的一些历史事件、英雄故事等加以改编，使之一代代传承下去。在官坝，为了颂扬本民族的英雄豪杰、为百姓谋福的清官以及具有楷模意义的贞妇孝子，为了保护苗寨的生存环境，为了表达追求美好生活的精神，人们编织出了许许多多动人的神话、传说及故事。这些文学表现形式一方面是人们现实生活中不可或缺的内容，另一方面也是人们精神生活的集中体现。

第一节　民间故事

神话、传说、故事在官坝民间蕴藏十分丰富，在田野调查中，许多中老年人都能滔滔不绝地讲述与人们生活中息息相关的故事和传说，苗寨中的陆氏老人对一些传说也进行了局部搜集与整理。[1]

---

① 有关故事由张维斌、陆平东等人口述，陆显大、张承宪等人整理。

1. 关于官坝的传说

很早以前，官坝有一位母亲生了三个儿子，一个花脸、一个黑脸、一个白脸，当把花脸儿子、黑脸儿子放在中间时，他们都哭；如果把白脸儿子放在中间，三个孩子都不哭了，父母以为儿子是怪物，把他们活活地弄死了。这个消息传到朝廷，朝廷怕以后再出这样心狠的父母，就派人来挖断了官坝的龙脉，修建了庙宇，庙中供有花脸、黑脸、白脸菩萨的牌位。

2. 腾云草鞋缩地鞭

传说，很久很久以前，陆氏的祖先被征到边塞打仗。由于英勇无敌，立了大功，陆氏祖先后来在朝廷做了大官。在打仗的时候，陆氏祖宗得到了两件宝贝：腾云草鞋、缩地鞭。只要一穿上草鞋，几千几万里的路程，一袋烟的工夫就到了；只要把缩地鞭在地上一抽，天那么高、海那么远的地方，一下子就变得只有一箭之地了。

陆氏祖宗，家中有老母、妻子和三个弟弟。这天，陆氏祖先下朝来，穿上腾云草鞋、提着条缩地鞭上了路，一会儿就到了家。到家时家人都睡了，他没有去惊动老母，就径直来到妻子门前，叫醒她开门进去了。不知不觉在儿子叫门的时候，老母被惊醒了。她尖起耳朵一听，怎么儿媳房中有个男人的声音，就疑心儿媳妇不守妇道。第二天，天没亮，陆氏祖宗就要赶回京城去早朝，没有惊动老母。早饭时分，老母问儿媳："昨夜是谁在你房中说话？"儿媳答："是你儿子，我的丈夫！"老母不相信，骂开了："你丈夫去好几年了，从没回来过。为何他一夜就回来了？又不去见我？"媳妇就把丈夫夜里来夜里去的事给母亲说了。天黑了，老母悄悄躲在媳妇窗下，要看个究竟。果然见儿子穿着蟒袍，系着玉带，脚穿一双草鞋，手提一条鞭子进房去了。第二天，她对儿媳说："今晚他回来，你把他那双草鞋和鞭子藏起来，别让他走了，我们一家人也好一起摆摆龙门阵。"夜里，陆氏祖宗又回来了。妻子待他睡以后，就悄悄把那双草鞋和鞭子拿在手里，最后藏进了便桶里。宝贝玷污了就不灵验了。天快亮的时候，陆氏祖宗起身打点要走。左找右寻，才在便桶里找到草鞋和鞭子，可是已成了废物。误了早朝，是要定罪的。他慌了，连忙从马圈中牵出一匹快马，骑上就朝京城奔去。他不分白日黑夜，马不停蹄人不下鞍，走了七七四十九天，才到京城。皇帝见了他大怒，给他定了罪，要满门抄斩。消息传到家里，老母和妻子悔不该藏了宝贝。她们急忙叫家里的三弟兄逃跑。三弟兄连夜分道而去，一个逃到了江西，一个逃到了贵州，一个逃到了湖北咸丰龙坪定居下来。

3. 聪明老幺的传说

一对老夫妇养了三个儿子，家里很穷，常年稀汤面糊度日。有一天，兄弟三人上山砍火沙（种植畲田），带去的一砂罐稀粥被岩上的猴子翻泼了。午时，三人吃中饭时只好你望着我，我望着你，幸好葛叶上还沾有一些，大家都舔了点吃。后来大哥读书做了官，数年不回家。老二、老幺无力赡养年迈的父母，兄弟二人商量要老二去找大哥。老二好不容易找到了，大哥正在与大官小员议事，老二也不管三七二十一就喊起"哥哥"来。大哥一见他衣衫褴褛，又不懂礼仪，真是有失体面，便吼道："谁是你哥哥？你这等无礼。"老二一愣："未必你还认不得我老二了！""谁知你是老二老三！"老二气极了，说："我天远路程来找，你假装不认识，那好，你听我说。"于是，老二就当着众人的面把三兄弟砍火沙的劳作情景、父亲80岁还在打柴、母亲 70 岁还要挑水做饭，家里住的是苞谷秆夹的屋、茅草盖的房、吃盐靠三只鸭子下蛋、哪天没蛋一家人盐都吃不成等——说了出来。谁知不说则罢，这一说，老二反被赶了出来。

老二没有更好办法，只好回家，把遇到大哥的有关情况告诉了老幺。老幺想了片刻道："你要学乖一点！待我明天再去。"第二天老幺就借了套长袍马褂装扮一番来到大堂，老远就喊："大哥大哥，小弟前来拜访！"说罢抱拳施礼像个江湖之人。大哥一见小弟穿得倒还像样，只是不知他又来搞么子鬼，正要说："你是……"老幺抢着说："大哥贵人多忘事，火焰山你我威风凛凛，'孙将军'打破砂罐城，幸得'葛将军'来救驾，方才凯旋回大营。"众官员一听他大哥有这样的不凡经历，不觉增添了几分敬意，大哥也顺水推舟道："啊……是这样，是这样，只是不知小弟现在家境如何？"老幺高谈阔论："住房千柱落脚，盖的步步登天，80 人打柴，70 人做饭，三只盐船下河，哪天不回全家吃蛋（淡）。"众官员赞叹不已，在一片颂扬声中，大哥把老幺领进了后堂。

4. 彩虹的传说

很久很久以前，住着个叫花姐的姑娘，学了一手织龙绣凤的好手艺，在苗家山寨里，没有哪个不伸出大拇指夸赞花姐聪明、心灵手巧。花姐织个鸟，鸟会飞；绣朵花，花放香；织只老虎，会呼吼跳涧；织条龙，能腾空飘海。年轻的姑娘们喜欢伴随她，以便学习绣花的本领；年轻的小伙子想娶她，以便能成家立业。花姐天天在吊脚楼上教姐妹们织"滚边花"。

丹桂飘香万里晓。有一天，花姐的好名声被土司王晓得了。土司王把手下人招呼，说："听说花家女儿才貌双全，为何不选进我王宫里来？"手下人立刻带着兵丁来到花姐家里。

花姐一看见这群人，就明白了。她对那伙人说："我生是苗寨的人，死是苗寨的鬼！我要和苗家姐妹在一起织'滚边'。"那群人一听花姐死了心，动手就要抢花姐。苗寨的姐妹们一见这些人要抢走花姐，就一层层地把她围住，护着她。苗寨的兄弟们，一个个拳头握得像铁锤子大。那群人一见这阵势，就挥舞着刀枪来驱赶周围的人。苗寨的兄弟姐妹们个个心中像着了火，和土司的人打起来了。土司的人一见不妙，一边打，一边叫人回官报信。土司王听到消息，气得鼓起牛眼睛，吼道："这还了得，想翻天哪！给我杀死那些臭苗子！"接着，土司王派了许多兵开向苗寨来，眼看一场灾难就要降临到苗寨了。花姐为了救苗寨的兄弟姐妹，告别了亲人，和土司王的手下人进了王宫。

土司王听说花姐自己进了宫，挺着个大肚子晃了出来。一见花姐如花似玉的容貌，就像饿狗看到了肉，口水顺着下巴骨直流："漂亮的姑娘，我接你到西宫去！"说着伸出一只手想拉花姐，花姐"唿"地拉着土司王的手，猛咬一口，土司痛得慌，下令要把花姐关进牢里去。这时，有个黑嘴巴侍臣，对着土司王耳朵说了一阵，土司王连称妙计。花姐刚刚被送进牢里，土司派人送来了五彩线，限她七天织成个会跳会叫的大公鸡，到期不成，就要她进西宫。

花姐拿着五彩线，一边流泪，一边织公鸡。织了七天七夜，织成了一只大公鸡。可是，鸡冠不红，毛色不亮，不会叫，也不会跳。花姐忍着痛，咬破了手指，眼泪也不断地从脸上落下来。鲜红的血，滴在鸡冠上，鸡冠红了；晶莹的泪珠洒在鸡身上，毛色亮了，鸡会跳了，花姐也不流泪了。她轻轻摸着鸡身上的毛，想起就要回苗寨，脸上露出了笑容。这时，土司王来了，一看有只活蹦蹦的大红公鸡，晓得这难不住花姐，便眼珠一转，说："这是家里喂的鸡，不是你织的。你若有本事，就织个野斑鸠，七天织不成，就进西宫当娘娘。"土司王的话才说完，只见那只大红公鸡飞到土司王的头上，伸长颈子叫了起来："我恨死土司王哇！"土司王慌了，命侍从撵鸡。大红公鸡用爪子抓破了土司王的头，飞进花园不见了。土司王双手抱着头躲进了宫中。

花姐又拿起五彩线，流着泪，织了七天七夜，斑鸠织成了。花姐咬破指头，把血和泪滴在斑鸠的身子上，斑鸠活了，会跳又会叫。花姐不流泪了，想起就要回苗寨，脸上露出了笑容。这时，土司王又来了，一见斑鸠，晓得又没难倒花姐，又说："再限你七天，给我织一条彩龙，彩龙不会叫，不会飞腾生风，你就给我进西宫里去！"土司王刚说完话，那只斑鸠"腾"的一下飞到土司王的头上叫起来："咕咕咕咕，土司王歹毒！"边叫边用爪子抓他的颈项。土司王的侍从忙过来撵，斑鸠飞进树林不见了。土司王缩着脑壳躲进宫里去了。

花姐拿起五彩线，眼泪串串不断线，花姐流泪织彩龙，织了整整七天。彩龙织成了，眼珠不红。彩龙跳了跳，不生风、不会叫。花姐忍痛咬破指头，滴滴鲜血染在龙眼上，龙眼红了。花姐用手拍了拍龙背，彩龙叫着跳了起来，风声呼呼吼。花姐不流泪了，知道土司王是不会让她回苗寨的，她脸上没有笑容。这时，土司王带着大帮侍从来了，一看彩龙织成了，晓得还是难不住花姐，就恶声恶气地说："这是织的什么彩龙？像条红头蛇！左右，把这红头蛇打死！"侍从们刚要动手，只见彩龙跳了起来，站在地上，张开嘴叫道："土司凶残，我要叫你全完蛋！"彩龙就地一滚，身子一下长了十多丈长，驮起花姐，腾地飞起。彩龙尾巴一摆，地上狂风大作；彩龙把嘴一张，吐出熊熊烈火，土司城顷刻淹没在一片火海里。花姐骑着彩龙上了天，她时刻不忘记苗寨姐妹织"滚边"，就织了一条七彩花"滚边"挂在天边，让姐妹们照着织。雨过天晴，这花"滚边"就出现在天空。这花"滚边"就是彩虹。

5. 三女婿猜谜

从前有个嫌贫爱富的财主，家有三个女婿，每逢生朝满日都要为他祝寿恭贺。但由于幺女婿家境贫寒，所以每次去了岳父家都不把他当客待。

幺女儿看在眼里好不心痛，于是变卖了她的嫁奁，送丈夫读书。丈夫也因此发狠，结果中了状元。这年又逢岳父生日，幺女婿理当到此，谁知座席时岳父跟往常一样，把他安排在下席，大女婿、二女婿宽坐上席。幺女儿一旁好不服气，于是要丈夫硬插进去，坐在大女婿、二女婿之间。二人也不便发作，就提议席前说字谜，大女婿说："人字在两边，当中土一摊。"请幺女婿猜。幺女婿一听便知是一"坐"字，也假意不解，就还了一谜："小人在两边，大人坐中间。"大女婿、二女婿猜出是个"夹"字。正在此时，门前锣鼓喧天，人夫轿马，请幺女婿上任。众人大惊失色，幺女婿临走时还说："恭贺岳父寿齐天，亲戚六眷满堂前。小婿就要上任去，二回再来坐下席。"岳父听了羞得满面通红。

6. 陆家孝子的故事

清同治四年版《咸丰县志》载：

陆必瑞，邑之龙坪人也，滨溪而居。咸丰九年五月初三日，暴雨倾盆，溪涨骤溢，淹及其庐。瑞负母置高处，旋就水次，捞取器物，失足被水冲走。适有泛木漂过，跨抱木枝，出没洪波中。山涧居民，悉无舟楫，仓卒莫由救援。但闻其号呼岸人曰：我，龙坪之陆必瑞也，命在顷刻，无望生还。家有老母，怜我者，祈寄声我兄、若弟，善事母如我在也，售我分业，甘旨可供也。切切垂怜，为我寄声。一路呼号不绝。只此数言，岸人闻之，莫不吧悯，谓其造次颠沛，不违乎仁，真孝子也。顺流百余里，至宣恩县属某处，水稍平衍，木渐近岸，渔人拯出，得不死。益瑞同胞兄弟，各携其妻子，不顾母养，后临溺号呼云尔，此又一孝子也。

当地文化人滕惠卿先生为歌颂孝子陆必瑞，根据流传在官坝民间的故事，作了一首打油诗：

> 自古为人讲孝顺，能感天地和神灵。
> 孝子名叫陆必瑞，也是湖北咸丰人。
> 龙坪麻园田坝园，家中母子度光阴。
> 天下猛雨大得很，大河涨水往上升。
> 河中涨水快十分，快要淹至他家门。
> 洪水越涨越起劲，房屋快被洪水吞。
> 因为四周洪水困，难以逃出这灾星。
> 忙将老母背上身，急忙就往麻园行。
> 四转就来进到门，房屋已被洪水吞。
> 必瑞心急忙奔命，抓住枇杷树一根。
> 枇杷坎长根不稳，洪水冲翻树苋根。
> 必瑞心中急得很，恰好冲来树一根。
> 必瑞抓住不松劲，连人带树冲河心。
> 连声大喊来救命，叫声连天无人应。
> 我今虽死不要紧，家有八十老母亲。
> 在生无人来孝敬，为子未报养育恩。
> 死后无人把孝顶，何人送老归山岭。
> 洪水波涛往下滚，冲至宣恩蚂蚁村。
> 村旁居民河边近，只见上游树一根。
> 树上一人来抢定，只拢河湾面前存。
> 几人急忙下水道，又抓大树又救人。

将他救起看情景，急忙灌起姜汤吞。

必瑞被救得苏醒，还魂之后讲详情。

本人姓陆住龙坪，家中还有老母亲。

乡邻送他返原郡，母子团圆在家庭。

惊动知府来慰问，忙送孝匾至家门。

庸行千古四个字，忠孝佳话永传名。

第二节　歌谣

1. 儿歌①

月亮

大月亮，小月亮，哥哥起来学篾匠。

嫂嫂起来打鞋底，婆婆起来蒸糯米。

糯米蒸得喷喷香，打起锣鼓接幺姑。

幺姑幺姑你莫哭，转个弯弯吊脚楼。

吊楼高，吊楼土，吊楼里面坐苗家。

苗家儿子会写字，苗家女儿会绣花。

写个福字倒挂起，绣朵牡丹幸福花。

梭罗树

排排坐，吃果果。果果香，买辣姜。

辣姜辣，买水娃，水娃报，买花碗。

花碗花，买冬瓜，冬瓜烂，买鸭蛋。

鸭蛋黄，买姑娘，姑娘脚尖，嫁给犁辕。

---

① 部分儿歌由滕会卿老人提供，歌谣部分整理后由滕会卿老人审定。

犁辕拱背，嫁给陶妹。陶妹逃走，嫁给毛狗。

毛狗臊臭，嫁给幺舅，幺舅嫌她。

嫁给田家，田家不吃秭子粑，找根绳子吊死它。

摇钱树，聚宝盆，早落黄金夜落银。

初一早上捡四两，初二早上捡半斤，

初三初四忘记捡，碗大金银塞后门。

2. 民歌

山歌好唱难起头

山歌好唱难起头，木匠难修转角楼。

画匠难画天花板，雕匠难雕美人头。

清早起来去看牛

清早起来去看牛，一垠田坎看出头。

牛不抬头吃嫩草，姐不抬头望风流。

太阳落土又落岩

太阳落土又落岩，打架铜车车转来。

铜车只车长江水，那里车得太阳来。

太阳落土照白岩

太阳落土照白岩，白岩头上搭戏台。

早来三天有戏看，迟来三天戏幺台。

挨姐坐来对姐说

挨姐坐来对姐说，二人感情好融合。

今天与你同路坐，眉毛笑起豌豆角。

会唱歌的歌赶歌

会唱歌的歌赶歌，会织绫罗梭赶梭。
河中也有水迷子，那里捡些风流歌。

太阳落坡坡背黄

太阳落坡坡背黄，唱首山歌送太阳。
太阳挂在金钩上，幺妹挂在郎心上。

采茶歌

姑娘采茶进茶林，各人兴来各人淋。
山后思想祝小姐，妹妹思想美郎君。
采茶采到日头红，三国英雄赵子龙。
长坂坡前救阿斗，万马军中称英雄。
采茶采到日正中，孔明先生祭东风。
三气周瑜柴桑死，舌战群儒在江东。
采茶采到日西沉，杨家有个杨总兵。
生个儿子杨宗保，娶了山东穆桂英。
采茶采到日落山，采茶妹子真可怜。
人家姑娘有人娶，采茶妹子在茶山。

四季花

春季里来正二三，花中之王数牡丹。
情妹脸儿两瓣花，鲜红鲜红真好看。
夏季里来四五六，荷花开在水里头。
情妹好像藕一只，白胖不肥也不瘦。
秋季里来七八九，菊花低头已成熟。
情妹年方一十八，胆子又大又怕丑。
冬季里来十冬腊，不怕风雪是梅花。
只选良辰和吉日，大大方方到我家。

长工歌

一年四季忙到头，年三十夜吃餐肉。

大年初一歇口气，初二又是现门头。

心酸不过我心酸，春夏秋冬帮长年。

家中吃的编筐饭，饱一餐来饿一餐。

3. 民间谚语

岁朝宜黑四边天，大雪纷纷是旱年。

最好立春晴一日，农夫不用力耕田。

惊蛰闻雷米如粒，春分有雨病人稀。

月中若得逢三卯，到处棉麻豆麦宜。

风雨相逢初一头，沿村瘟疫万人愁。

清明风若从南至，定是农家大有收。

立夏东风少病疴，晴逢初八果生多。

雷鸣甲子庚辰日，定主蝗虫损稻禾。

端阳无雨是丰年，芒种闻雷美亦然。

夏至风从东北至，瓜果园内受熬煎。

三伏之中无酷暑，田中五谷多不结。

此时若不见灾厄，定是三冬多雨雪。

立秋无雨实堪忧，从来万物只半收。

处暑若逢天下雨，纵然结食也难留。

秋分天气白云多，处处欢声好晚禾。

只怕此日雷电闪，来年定唱太平歌。

初一飞霜损人民，重阳无雨一冬晴。

月中逢疱人多病，若逢社叶昌衍兴。

立冬之日怕逢壬，来年高田枉费心。

此日若逢壬子日，灾殃疾病损人民。

初一西风盗贼多，更逢大雪有灾魔。

冬至天晴无日色，来年定唱太平歌。

初一东风六畜灾，若逢大雪旱年来。

但得此日晴朗好，吩咐农家放心怀。

4. 谜语

白又白如雪，硬又硬如铁，

从你嘴巴过，你又不晓得。

（石膏）

四四方一座城，城里死了人，

吹吹打打来上祭，死人不开门。

（床）

隔座山，隔座岭，

两个猴儿在吊颈。

（耳朵）

铁拐李去打仗，

楚霸王死在乌江。

（钓鱼）

外圆内四方，

又赶场又下乡。

（钱）

一个黑鸡母，

天天起来烤屁股。

（鼎罐）

一对白狗，走到汉口，
一声大吼，回头就走。
（鼻涕）

十弟兄，一路要，
一个头上顶皮瓦。
（手指甲）

一个屋儿窄又窄，
紧紧装下五个客。
（鞋子）

上有吞天之口，
下只立足之地。
你歇气，它使劲，
你使劲，它歇气。
（打杵）

外圆内四方，走路靠上方。
一步一绽子，你要猜一辈子。
（钱罐）

一个老头高又高，
浑身背的杀猪刀。
（杉树）

一个老头矮又矮，
浑身背的黑狗儿。
（茄子）

青藤藤开黄花，
养的儿子钻泥巴。
（花生）

高大人坐地布阵，
祝将军舞动乾坤，
穆桂英冲锋陷阵，
黄飞虎四方败兵，
怪样，怪样，鼻子生在背上。
（茶壶）

身穿黄袍背插枪，
它在山中称霸王。
不怕五黄六月春雨打，
只怕十冬腊月打一霜。
（蜂子）

瓜子脸，梅花脚，
又会洗脸，又会舔罐。
（猫）

一根树子十八叉，又结葫芦又结瓜，
先结柿子油板栗，后开绣球牡丹花。
（茶子）

空桐树，空桐叉，空桐树上结粽粑，丝线大的梗。
簸箕大的叶，看到开花看到结，结的果子吃不得。
（纺棉花）

八个将军抬个鼓，前面两把羊叉舞。
若凡你把鼓来敲，两把羊叉卡住手。
（螃蟹）

头上角对角，下面两只脚。
只见马骑人，人捉两只脚。
（羊马）

又圆又四方，四个古人坐中央。
（眼眼钱）

前面一个哑子，中间一个驼子。
后面一个癫子，癫子一声吼，哑子背起驼子走。
（犁田）

竹家小姐生得俏，大红袍子日夜照。
小郎出门来抢起，进屋就把它来抛。
（伞）

一头亮一头黑，不是铜也是铁，
晚上陪客去，白天家中歇。
（电筒）

半岩坎上一个碗，天天落雨落不满。
（鹊窝）

头压高山吃草，尾在洞庭湖中洗澡。

孔明去把草来烧，洞庭湖中烟直冒。

（水烟杆）

四四方方一个盘，里面果子万万千。

你要想摘果子吃，人要聪明手要尖。

（算盘）

第三节　乡土文学①

官坝历来"敬教劝学，文明浸注"，一批乡土文人活跃在村寨，创作出一大批内容丰富、形式多样、特色鲜明的作品，讴歌新时代，赞美自己的家乡。

1. 传奇人物杨银匠

龙坪古镇镇尾上，外地来人开铺房，

此人名曰杨绍震，老少直呼杨银匠。

银匠神爽眼有光，神采奕奕红脸膛，

投足举手有风度，步履稳健体魄壮。

山里浓雾雾中藏，不得其果啥模样，

银匠是位传奇人，对他了解很渺茫。

这里不讲他活忙，身怀绝技说几桩，

人们常要他表演，笔者银匠房挨房。

手抱膝蹲门坎上，选人前后猛推搡，

他蹲门坎泰山稳，知与不知都一样。

他有铁墩成长方，五十斤重不差两，

---

① 本部分由滕会卿、陆承志以及朱忠培等老人搜集并加工创作课题组整理。

长方凸冒一铁锥，就是波罗上方长。
难道几多好骁将，银匠七十压群芳，
握锥提墩能进出，举墩过胸脯台放。
银匠漫步院坝旁，一妇打鸡石打恍，
银匠听风猛转身，反手接石在手掌。
年高九十病倒床，唯独老伴熬药汤，
托人喊我一病榻，叫声傍侄老泪淌。
我的身世人不祥，九十年来对人讲，
运动一来就盘查，搪塞敷衍瞒真相。
二十六七遇孽障，拔刀相助诛群狼，
千里万里他乡走，埋名隐姓度时光。
笔者恭听细思量，侠肝义胆人中强，
所述翔实做笔录，清白历史不冤枉。
他本老家在邵阳，十二当徒学银匠，
父母为作子练功，请来名师到宅庄。
师傅名气贯湘江，尤为武德算高尚，
多次打擂上擂台，赫赫名列在金榜。
父引子到演武场，师傅端坐在中央，
师见绍震透灵气，表态真传把心放。
闻鸡起舞耍枪棒，鹰爪功与铁砂掌，
柔道散打时时练，铁腿横扫泰山桩。
日月星辰运转忙，花开花落硕果香，
绍震学艺整八年，硬功一身非寻常。
师傅临辞道衷肠，徒儿绍震不可忘，
打富济贫顺天意，扬善惩恶须发扬。
原上草青又草黄，又过六年家凄凉，
姐姐出嫁去德州，父母相继又双亡。
一年八月桂花香，锁门离铺去杨冈，
果熟稻黄秋色好，二十里外把友访。

放眼前方茅舍旁，百十人围闹嚷嚷，
绍震想知为何故，两脚生风走忙忙。
绍震上前看端详，又是独龙赵天逛，
此人从小苦练武，手下又有一群狼。
他赴县城把官当，仗势欺人黑心肠，
欺男霸女人人怕，今天又把民女抢。
绍震气得牙吱响，无名怒火烧胸膛，
上前敢与群魔斗，群魔咆哮露凶相。
独龙丧心加病狂，指挥打手一起上，
难道他吃豹子胆，乱棒打死我捡挡。
打手蜂拥挥大棒，蚍蜉撼树不自量，
独龙持力也助阵，绍震应战胆不慌。
力劈华山山摇晃，白虎掏心挖心脏，
铁腿扫得个个倒，仓皇逃命喊爹娘。
两老感激泪汪汪，绍震劝其快离乡，
转身抱拳对诸位，一人做事一人当。
当夜三更秋风爽，绍震一身衣着装，
翻墙进诛独龙宅，一把火焚独龙庄。
老人说完平身躺，表姑敢急灌姜汤，
笔者拉手喊表叔，人们不会把你忘。
柳林白鹤送夕阳，夕阳落山西天亮，
看牛坡上添新坟，义士长眼乱葬岗。

2. 官坝伏波庙忆

官坝境内伏波庙神，独一无二天下闻名，
任凭诸君各处访问，各地省府没有此神。
要问神圣有个原因，诸位静坐细听下文，
伏波马援东汉时人，久在朝内辅助明君。
因征南寇三载平定，四朝官封伏波将军，

满清朝廷有位陆姓，官封太尉金殿称臣。

陆姓原名各位不清，暂称官位书归正文，

陆虽做官身在朝廷，原郡家内母媳二人。

况且为人十分孝顺，行者之人能感神灵，

老母高龄七十早进，不能早晚报够劳恩。

媳妇年少正在青春，鸳鸯两地夫不放心，

虽在朝廷心中烦闷，愁眉不展茶饭顺吞。

闲眼无事打坐府厅，门官来报来位仙人，

太尉答曰吩咐请进，我与仙长散闷谈心。

请来仙人来至高厅，烟茶已毕忙问详情，

太尉当时源头告禀，如此如此告诉原因。

仙长答曰这不要紧，我今赐你两件宝珍，

素云草鞋缩鞭一根，不管远近瞬间到庭。

道长说毕怀中取定，交与太尉别处游行，

放下道长话不多论，又说太尉回去家庭。

夫妻团聚感情不尽，为了这事母亲疑心，

疑怀媳妇怕有外遇，生为老母再三追根。

媳妇当时对母细禀，是你姣儿每晚回门，

如不相信母去亲问，保证老母定知原因。

老母听得媳妇告禀，当天晚上去查假真，

果是孩儿转回家庭，连忙细问怎么回程。

太尉急忙对母细禀，因母与媳两地离分，

因此孩儿每天烦闷，恰遇仙长赐予宝珍。

因此孩儿才返家境，不到五更要回朝廷，

老母糊涂未思谨慎，为使孩儿不离家庭。

未曾考虑当时况境，只想母子长久不分，

忙将两宝便桶藏定，经此之后不能飞腾。

不能缩地难回朝廷，万般无奈闷坐家门，

太尉说此路途难奔，不好埋怨亲生母亲。

当今朝廷五更未登，文武两班东西各分，
九龙口内圣旨待定，有本启奏无事回程。
天子金殿文武观尽，不见太尉派人查清，
忙至陆府仔细访问，未见太尉他哪存身。
天子疑心怒火一盆，原来太尉是个反臣，
金銮宝殿将旨写定，传下旨意斩他满门。
捉拿太尉首级枭定，警戒以后再除反臣，
惊动太尉全家族人，只得逃难连夜奔命。
别处地方找个安身，若干好者太尉亲近，
忙收圣旨改去原文，陆姓官员不必追问。
除陆房六斩全家人，故此全县都去逃命，
因此事故牵连滕门，泰陆两姓同时逃命。
逃至湖北咸丰龙坪，同时两姓落业扎根，
因有马援源头显灵，一路之上并不扰心。
两姓落业扎下深根，为了纪念马援恩情。
就大附近庙宇建定，取名伏波为庙命名，
四时八节烧香供敬，留于后代永不忘恩。
每年二月十五诞辰，做庙会热市沉沉，
大年三十礼恭毕敬，猪头鞭炮祭奠神灵。
教育后代不忘根本，当作家庙作为家神，
伏波马援香烟受定，香烟缥渺时刻显灵。

3. 大难不死雷光臣

高乐山镇官坝村，甘溪沟畔雷光臣，
他曾惨遭大灾难，大难不死后出名。
一九一一正阳春，雷老操度降人生，
他家祖辈为务农，家境倒也算清平。
溪沟两岸是宗岭，莽莽林海未有垠，
荆棘杂草遍沟壑，狼嗥虎啸兽成群。

光臣四岁还打零，他与伙伴耍草坪，
突然闯出一恶狼，叼走光臣就狂奔。
同耍伙伴乃大惊，奔跑哭喊狼咬人，
人们闻讯四方聚，追狼营救小生命。
喊声如同炸雷震，只差地裂山也倾，
狼叼孩跑出里外，无奈弃孩钻树林。
救得光臣人已昏，嘴被咬破血淋淋，
虽经药物来治愈，还是嘴歪脸变形。
光臣狼口险脱身，大难不死有福分，
雨露育松松苗壮，光臣倔强有禀性。
十二那年杨柳青，路经钱家富豪门，
两只黄狗把他咬，崽子不撵反助阵。
光臣气打一处生，两眼迸射出火星，
拣石一抱追狗打，狗遭石打惨逃命。
崽子咒骂白沫喷，说是打狗欺主人，
莫非你吃豹子胆，看我来把你教训。
崽子挥拳击脑门，光臣猛地一下蹲，
使劲抓崽两只脚，用肩一扛人倒平。
光臣上步拳腿伸，打得崽子喊饶命，
马看蹄爪蹄爪好，人看从小好品行。
翠柏青松多刚劲，杆粗叶茂傲风云，
光臣已是七尺汉，腰圆膀阔挺精明。
抗战胜利硝烟停，紧接内战又发生，
光臣立志去从戎，报名当了解放军。
攻打长沙战重庆，轻取杭州夺南宁，
南征北战打老蒋，雄师过江捣南京。
几年内战硝烟滚，光臣杀敌扬威名，
何只一次立战功，枚枚勋章今保存。
一次战斗闯敌阵，力杀数名蒋匪军，

负伤也不下火线，扳机扣动任瞄准。
一次阵地饮水尽，战士口干难支撑，
光臣冒险入敌方，取回甘露几大瓶。
雄鸡一唱天放明，一轮红日东方升，
敲锣打鼓放鞭炮，翻身农奴做主人。
本来龙潭水已静，掷石水又荡波纹，
可恶美帝伸魔爪，侵略朝鲜大起兵。
侵朝为的作跳墩，扼杀中华摇篮婴，
决心援朝抗美帝，保家卫国显神圣。
主席挥手发号令，光臣参加志愿军，
战车驶过鸭绿江，斩杀豺狼保和平。
浴血奋战松骨岭，狙击敌部增援兵，
只要狙击能成功，主体战场伏就赢。
光臣全排表决心，任务完成有保证，
人在敌就莫想过，甘洒热血铸军魂。
手雷雨点扔敌群，机枪扫射敌军阵，
敌人进攻遭失败，前沿阵地敌尸横。
主体战场传喜讯，吃掉敌人一个军，
攻不可磨阻击战，全排荣立功二等。
抗美援朝仗取胜，班师回朝转北京，
掌声雷动迎英雄，凯旋归来志愿军。
神奇龙潭涌金鳅，群山松海掀涛声，
迎接英雄回故里，一代人杰雷光臣。
人生易老话为真，雷老须发变白银，
节日胸佩军功章，枚枚勋章血凝成。

4. 伏波庙前道伏波

关坝苗寨多奇闻，如同繁星数不清，
伏波庙前道伏波，脍炙人口诵古今。

相传有个河南郡，何朝何代难考证，

河南郡辖经济县，陆族兴旺县有名。

陆氏家族陆圣人，学识渊博盖古今，

官爵朝廷到太尉，悬宗耀祖光门庭。

皇上昏庸贪色情，肆虐无道是昏君，

太尉直言敢上谏，皇帝淡对宠奸臣。

一天太尉心纳闷，独自徒步出南门，

漫无目的到郊外，面前从天降神鹰。

神鹰翅脚绳缚紧，扑打难飞怪可怜，

面对太尉求解救，太尉割断捆缚绳。

神鹰蓦地立起身，点头三下以谢恩，

然后用嘴叼羽毛，拔掉羽毛共两根。

掷地有声毛变形，奇珍异宝价连城，

金鞭便是缩地鞭，穿上草鞋可腾云。

神鹰展翅向昆仑，太尉获宝喜色增，

从此生活大逆转，朝廷郡家若比邻。

昼在京城施朝政，夜回郡家享温馨，

鞭缩千里当百里，腾云草鞋只一瞬。

光阴荏苒一年整，太尉神秘万里行，

世人不得知其果，唯有陆母起疑心。

晚上媳房灯火明，男女谈笑传出寝，

时间一久破常规，婆妈怒闯媳房门。

太尉连声喊母亲，媳道万福礼彬彬，

母问到底是何故，儿把实情讲母听。

母亲是位女精英，琴棋书画无不精，

家事国事天下事，眼不含沙心里明。

她知皇上是昏君，奸臣当权乱朝政，

黎民涂炭千般苦，你爷分尸在朝廷。

不如辞官郡山隐，桃花源中可躬耕，

家仇国恨莫忘怀，不知为儿怎应成。
太尉默言语不吭，时过良久做反应，
轻摇头颅慢摆手，边走边看能否行。
母见儿辈无定准，迫使断路抛京城，
借看儿辈两件宝，接宝立即出房门。
两脚忙走到茅坑，宝丢马桶来泡浸，
儿知母亲下绝作，本就与母心相映。
宝遭玷污失功能，草鞋鞭子落凡尘，
太尉在家不觉苦，从此再未回朝廷。
奸臣谗言对君禀，擅离太尉辱圣令，
定是密谋把反造，发旨缉拿下檄文。
檄文上面写得清，兵伐经济河南郡，
斩尽杀绝陆家族，荡平经济诛百姓。
经济县境无太平，尸横荒野哀鸿鸣，
陆氏家族择路走，围追堵截遇追兵。
霎时地暗天也昏，飞沙走石狂风紧，
电闪雷劈马援现，伏波将军显神灵。
雨过山青天放晴，陆族全皆无踪影，
马援打救千里外，飘落龙坪官坝村。
轿顶山下勤开垦，忠建河畔扬歌声，
幸福美景凭打造，陆氏家族显奇能。
山水有情人有情，有情不忘救命恩，
滴水之恩涌泉报，修建庙宇竖金身。
马援雕塑殿堂正，两旁楹联字刚劲，
南蛮寇贼平三载，东汉英雄第一人。
伏波庙宇时更新，香蜡纸草烟火焚，
马援神雕受朝奉，伏波将军日月存。

5. 龙潭神传

龙潭紫烟罩神纱，近山松海藤蔓桂，
泉水淙淙花丛淌，掩映竹楼苗舍家。

金花年方二十六，婆母六旬霜染发，
丈夫患疾辞世走，抛下俊心小萌芽。

金花躬耕撑大厦，孝敬婆母传佳话，
温馨家庭笑常在，三代同堂度年华。

铁树果真能开花？枯枝未必就发芽？
岂料婆母腿长疱，溃烂化脓小碗大。

游医诊治钱白花，日趋严重苦无法，
婆母呻吟金花急，如同热灶蚂蚁爬。

金花断然决心下，岂管荡产与倾家，
只要能将病治愈，奴婢宁肯嫁与他。

远近游医药针拿，怀揣侥幸门垂跨，
乘兴而来扫兴离，除非神仙动大驾。

一天东方现朝霞，特大黄狗到院坝，
好似杨戬哮天犬，一身金毡毛不杂。

摇头晃脑摆尾巴，金花抚摸声泪下，
黄狗会意急进屋，来到病榻细观察。

然后咧嘴张老大，伸出长舌舔大胯，
舔得脓尽污血出，去热止痛如神法。

历经时日二十八，婆母脓疱结了疤，
靠的黄狗来治愈，语出肺腑把它夸。

一日狂风不停刮，残阳如血搁笔架，
不料狗死全家悲，盛殓葬身在山垭。

再说十岁小萌芽，衣着布衫头裹帕，
妈送东家去放牧，从此当上看牛娃。

龙潭溪畔草满坝，草丛小花把眼眨，

萌芽放牛常在此，清脆木笛震山崖。

一日阴霾雨飘洒，吃草水牛受惊吓，

龙潭水分腾怪兽，萌芽惊恐直喊妈。

怪兽落地声咔嚓，它把水牛业戏耍，

逗乐时长燃炷香，跃入龙潭泛鳞甲。

财东闻讯明知啥，珍稀犀牛黄金价，

毒犀药醮牛角大，犀中药物好毒辣。

黄狗虽死属菩萨，救犀投梦与金花，

坟头扯下解毒草，捣烂掺参布包扎。

如此这般把佛画，事成喜鹊叫喳喳，

南柯一梦金花醒，照做丝毫也不差。

第四节　民间歌舞

1. 山歌

山歌是官坝苗寨喜闻乐见的民间歌曲，代代相传，经久不衰。

山歌的种类非常多，大都是触景生情，见人唱人，见物唱物，即兴而歌。采茶有茶歌，劳动有栽秧歌、薅秧歌，歇气有打杵歌，放牛有看牛歌，上山有砍柴歌。大人细娃都会唱，田边地头，寨前院内都是歌。词曲简短，乡土味浓，别有一番情趣。"山歌来源土苗家，土苗儿女都爱它。男女老少都会唱，传统艺术一朵花。"

2. 石工号子

"石工号子"是石工开山采石、修桥筑路所唱的号子歌。曲调高亢，一领众和。领唱即兴编词以调情绪，众和衬词，沉重有力，以协调动作、统一力量，同时还有鼓舞士气减轻疲劳的作用。石工号子曲牌很多，撬石音调起伏大，着力点在众和衬词第一个字音上。抬岩音调稳健沉闷，节奏鲜明，着力点在第一拍（上拍子）

上，石工号子因受工种限制流传不广，能演者不多。

太阳落坡哟哟，又落岩呀哈喂，白岩头上哟嗬也，搭戏台呀衣嗬呀哈也，早来三天喂呀坐，有戏看呀情郎干哥哥阳喂坐，迟来三天，哟嗬哟嗬依山坐。哟嗬哟嗬幺台呀，哟嗬哟嗬柳叶郎，唉呀奴的冤家留不住的郎。喂阳坐呀一山坐。好久没到呀，罗儿这山来呀朗罗，这山凉水，朗朗扯住扯，起青苔呀罗儿。太阳落坡哟哟，又落岩呀呷哈喂喂。白岩头上，干妹妹，桂花开呀，情郎干哥哥。抬起抬起莫松劲，要把步子走齐整，步子整齐力均匀，免得踩到脚后跟，六月太阳当头晒，喊起号子抬起岩，麻绳杠子两边摆，打杵成行往前来。丢了这板唱那板，丢了芙蓉绣牡丹，牡丹绣在鞋尖上，看花容易绣花难，只要大家肯齐心，哪怕石王重千斤，哪怕石王千斤重，只要四两拨千斤。

3. 薅草锣鼓

"薅草锣鼓"在官坝很流行。"薅草锣鼓"是农事歌曲的一种，它的产生和流传是与当地的地理环境、生产条件密切相关的。官坝山大人稀，森林茂密，人少地头宽，薅草是每年一项大的农事活动，各家各户邀来诸亲好友，集中劳力时间进行突击。薅草锣鼓打鼓，除了"鼓劲助力气，节劳逸"之外，还可壮声威吓跑野兽。

薅草锣鼓一般由三人至四人演唱。乐器有锣、钹、鼓、马锣，边打边唱。演唱程序分"引子"（或请神）、"扬歌"、"送神"三个部分。引子即歌头念白，用于排队准备薅草。

早晨起、雾沉沉，白雾沉沉不见人。东边一朵祥云起，西边一朵紫云腾。祥云起，紫云腾，四方神灵下天庭，下天庭，扎大营，地角土边旗成林，歌师开口把歌颂，鸣锣敲鼓齐上阵。//鹞子翻身下山界，各位老少请拢来，东边一朵祥云起，

西边一朵紫云开。祥云起来紫云开，红旗绕绕下田来；红旗拍
在田坎下，敲锣打鼓唱起来。众位已请上歌台，一个一个秩序
排；大家做活攒劲赛，不等人齐薅起来。//一请东方甲乙木，
木长深山成森林。林茂粮丰好前景，人若无木难生存。二请南
方丙丁火，火高八尺起祥云，炊事靠火来烹蒸，火的作用无穷
尽。三请西方庚辛金，金银财宝到主门；人生开支全靠金，金
的价值大得很。四请北方水癸金，水的用途广又深；风调雨顺
靠水分，人若离水活不成。中央来把土地请，土生万物养凡
人；恭请土地显神圣，保佑东家好阳春。歌仙土地均已请，商
量公等唱书文；锣鼓歌师把路引，看在何方扎寨营。

　　放活路时唱送神歌，也叫歌尾。唱词如："看到太阳下山岭，
敲起锣鼓送神灵；有的神灵骑鹤走，有的神灵骑狮行。朵朵祥云平
地起，各路神灵上天庭；只有土地无云处，岩板底下去安身。送走
神灵归天府，众家兄弟也收兵；今生锄尽禾中草，秋后五谷齐
丰登。"

4. 哭嫁歌

　　"哭嫁歌"在官坝很流行。姑娘出嫁前哭唱，形式有独哭、对
哭、众哭。哭的内容有哭爹娘、哭姊妹、哭兄嫂、哭叔伯、哭媒人
等，如：

哭父母

男子读书服先生，女儿离娘自开声，

女儿不得孝父母，好比浮萍草一根。

娘养女儿一尺五寸，移干睡湿费娘心，

包脚梳头娘辛苦，长大伺奉别人亲。

父母恩情讲不尽，难报父母半点恩，

天上大星配小星，世上只有父母亲。

莫怪女儿不孝敬，大树脚下去为人，
只怪女儿生错命，不得报答父母恩。
我若是个男子命，前后左右不离身，
挑抬治家可以替，也可帮助父母亲。
可惜是个裙钗女，只得能讲不能行，
常言父母盘我小，定要养老父母亲。
常说父望子成龙，为娘望女把凤成，
鸡报鸭儿不认承，哪知今日要离分。
女儿实在难为情，靠我哥嫂弟妹们，
朝年拜节来慰问，空手也要走一程。
父母恩情说不尽，咽喉梗梗哭不明，
妈呀我的娘呀，我的苦老子呀。

哭叔伯母

油菜开花遍地黄，怎么舍得我婶娘，
婶娘像我娘一样，爷亲叔大是应当。
你的侄女生错命，想来想去泪汪汪，
你的侄女命好苦，如今离开爹和娘。
我的父母年老迈，你们团结要和蔼，
妯娌之间要和顺，兄弟之间要相亲。
哥爱弟来弟恭敬，常言家和万事兴，
婶娘伯母要和好，古话蓬柴火焰高。
哥嫂弟妹情同友，家里子孙才长久，
自己家事不多说，还有家公和家婆。

哭家公家婆

哭声家婆好伤心，水有源头树有根，
你的外孙生错命，怎奈是个女钗裙。
家婆把我看得重，燕子衔泥空操心，

只怪父母开错亲，上下不知又三等。
不认族来不认亲，自己来把大路行，
坛子栽花淹没死，要想出头万不能。
不贤外孙多愚蠢，不费金来也费银，
你的外孙是苦命，晓是那天得为情。
常言家婆痛外孙，这是前辈古人云，
这世不得把恩报，二世效犬马报恩情。

妹哭嫂

栀子开花打了苞，姑嫂分别在今朝，
你的妹妹见识少，嫂嫂恩高义也高。
妹妹今朝与嫂别，晓得哪天才会倒，
你我当初玩得好，哪知今日两分抛。
好比脚踩露水草，娘屋有事要会到，
燕子飞过九重岩，这因去达几时来。
风吹梅花乱落离，妹妹到了团圆期，
姑嫂好比一台戏，一个东来一个西。
姑嫂今日两分开，千斤担子交给你，
与你比古来托情，前人留下到如今。
孟宗哭竹生冬笋，王祥为母卧寒冰，
董永卖身葬父亲，安安送米为婆行。
今生今世不忘记，行孝之人永传名，
二十四孝不多论，嫂嫂是个力气人。

嫂哭妹

哭声妹妹发大财，当嫂同路走过来，
自从过门三五载，亲如一娘同胞胎。
妹妹在家事事动，人又聪明嘴又乖，
你我当初好中好，谁知今日要分开。

好比脚踩露水草，娘家有事妹才来，
燕子飞过九重岩，这回去达几时来。
你们夫妻要恩爱，有商有量做世界，
莫嫌贫穷把富爱，多有先穷后发财。
公婆面前笑颜开，孝敬公婆理应该，
嫂的重言莫见怪，背后切莫把场摆。

哭姨母

豇豆开花双对双，怎么舍得我姨娘，
我的姨娘来得稀，被风吹到我家里。
翻山越岭又过界，为你外外你才来，
外外未送你一文，你送外外万文来。
送到马口无回嚼，送到牛口头不抬，
人情送到马口去，不晓几时才转来。
拨开乌云见青天，外外做主哪一年，
篾片放到阳沟里，晓得哪天把身翻。
哪天外外做了主，空手来把姨娘看，
虽然不记把情还，也得记情在心间。

哭媒人

哭声媒公与媒婆，一来一往操心多，
千言万语是为我，其实各人想酒喝。
千操心来万操心，媒人恩情讲不尽，
帮我翻山又越岭，高坡踩成光坪坪，
做媒之人无过错，只怪自己命运薄，
该富该贵都在我，先贫后富有几多。
百般事情都不错，怕的开头难结果，
板栗开花结成球，可恨媒人想猪头。
自古媒人多饿口，爱喝酒来爱吃肉，

吃了人家一杯酒，就说人家样样有。
吃了人家一杯茶，就说人家家业大，
吃了人家一碗饭，就说人家有万贯。
吃了人家一碗菜，你说最会把人待，
吃了人家一碗肉，说他吃穿都不愁。
把他说得千宗有，只差讲得口水流，
树上猴子哄得走，好话讲了几罗斗。
细布鞋子做得有，与人做事与人留，
你的恩情讲不尽，今后慢慢把情酬。

哭表姊表妹

表姊表妹为我来，打湿你的绣花鞋，
翻山越岭又过界，贵脚来把贱地踩。
不是先生不上台，肚内无文你不来，
裁缝站到案板旁，墙上挂剪有高才。
阳雀来了不开声，画眉来了闹沉沉，
老鼠跳到书箱里，都是兼文搭武人。
甲子乙丑海中金，聪明伶俐是你们，
丙寅丁卯炉中火，愚蠢之人就是我。
戊辰己巳大林木，月亮团圆有十六，
姊妹团圆等会头，我们受苦你享福。
庚午辛未路旁土，你们吃穿用的有，
壬申癸酉剑锋金，当家做主有名声。
穿的绫罗绸缎衣，住的高楼大瓦屋，
美不美来乡中乡，亲不亲来故乡人。
高桌子来矮板凳，不是亲人不上门，
妹子愚蠢不讲理，望靠你们来教训。
月亮团圆在十五，姊妹团圆正月份，
姊妹正逢团圆会，正逢团圆又要分。

哭五更

竹叶青来柳叶青，听我哭个闹五更，

养儿不知娘辛苦，养女难报父母恩。

一更里来好伤心，难为爹妈费精神，

小来又怕长不大，长大又是二姓人。

二更里来好伤心，难为哥嫂费精神，

女家本是娇娇女，长大又是婆家人。

三更里来好伤心，难为叔伯费精神，

看到侄女年长大，送到婆家当贱人。

四更里来好伤心，难为婆婆费精神，

早晚都在婆身边，长大骨肉也要分。

五更里来天又明，婆家打鼓来娶亲，

前头三步辞香火，乌木筷子二面分。

乌木筷子撒下地，花花轿子抬进门，

爹爹哭我娇娇女，妈妈哭我命肝心。

大哥哭我亲姊妹，二哥哭我姊妹亲，

三哥哭我好姊妹，嫂嫂哭我解交人。

大哥我去哒多谢你，当家理事靠你们，

嫂嫂我去哒多谢你，泡茶弄饭你承认。

二哥我去哒多谢你，挣钱挣米靠你身，

叔伯我去哒多谢你，大务小事全担成。

兄弟我去哒多谢你，多在学校读书文，

妹妹我去哒多谢你，挑花绣朵要用心。

天上一路过街星，地下一路接亲人，

早上娶亲来打伞，晚上娶亲为点灯。

第五节　民间戏曲曲艺

1. 傩愿戏

"傩愿戏"（傩戏），是还傩愿后唱的戏，由古代傩愿舞衍变形成。

流行于官坝一带的傩愿戏有《打土地》。该戏由一人表演，道具有土地神面具、拐杖，拐杖顶上用铁器打成一寸左右圆筒，筒旁铸一铁钩，圆筒用于插香，铁钩用于挂纸钱。艺人手持拐杖，走进主人院坝以老者状（土地公公）打三个喷嚏，声音洪亮，引出主人。艺人来到主人阶檐站定，唱："土地神，土地神，土地来了不由人，左脚进门生贵子，右脚进门添金银。"主人出来，向"土地神"的拐杖上点上三炷香，往铁钩上挂上纸钱。艺人先"开财门"，再进堂屋，进堂屋后，先参拜主人的家，再参拜主人，唱一些讨好主人的吉利、祝福歌词。主人会给一些钱或食物，或请艺人进餐后艺人离开再往别家演唱。

2. 三棒鼓

"三棒鼓"又叫"花鼓"源于唐代的"三棒鼓"，以抛耍三根特制的嵌有铜钱的鼓棒击鼓伴唱而得名，明代已形成曲种。

三棒鼓表演，既讲唱功，又讲抛功。唱功，除唱传统历史故事外，还要即兴创作，见啥唱啥，对答如流。抛功，就是抛刀的功夫。花样有"黄龙缠腰""双龙抱柱""鲤鱼标滩""五婆纺线""铁匠打铁""水中捞月""冲天炮""含刀鸣炮""杀四门""拜五方"等二十多套。

3. 花鼓词①

白蛇传

从古往下传，流传到今天，白蛇许仙配良缘，故事白蛇传。

白蛇名素贞，青蛇名小青，四川峨眉老山林，洞中修道行。

经过几千年，历史的演变，姊妹洞中苦修炼，道满要下山。

西湖断桥上，紫燕飞成双，山清水秀好风光，鸟语花又香。

姊妹两个，无心观风景，一心一意下山林，寻访意中人。

正是三月间，春天雨绵绵，春雨虽不湿衣衫，淋雨人心烦。

你看姊妹们，无处避雨淋，只见那边有一人，急步往前行。

举目忙看过，见有一小哥，手中雨伞拿一个，清明去扫墓。

只见这少年，人品多好看，当时把他问一遍，姓名对我谈。

青年忙开言，我名叫许仙，清明扫墓回家转，来把西湖玩。

我今忙回程，要转青波门，如果无伞遭雨淋，情愿借你们。

当时举目望，只见一女郎，人品美貌又端方，穿件白衣裳。

随带一丫鬟，生得也美观，青衫子穿一件，跟在身后边。

许仙开言问，你是何方人，姓甚名谁说我听，因何事出门。

我名白素贞，丫鬟叫小青，我家住钱塘门，无事来散心。

相公好情感，承蒙借雨伞，倘若雨散回家转，把你恩情记。

承蒙把伞借，这那们要得，你的恩情奴记得，感情几亲热。

许仙把话谈，不必讲闲言，急急忙忙去叫船，送他转回还。

即刻叫来船，三人船中站，姊妹二人一把伞，许仙站一边。

站得远远的，用衣袖遮雨，素贞看得不过意，喊他在一起。

只管拢来点，共用一把伞，虽然三人一起站，情恨两绵绵。

船行好一阵，就要把手分，姊妹要转钱塘门，天空雨暂停。

姊妹转家园，就要把伞还，两情相依又相恋，任还任不还。

许仙开言论，雨伞不要紧，怕的天空有雨淋，仍然借你们。

---

① 滕会卿创作，课题组整理。

明日你家来，我把姐姐拜，顺便雨伞带回来，此事才应该。
小青一旁诉，我家住红楼，相公明天我家走，才来把情酬。
时间快得很，不觉到明晨，许仙收拾就动身，马上奔路程。
行程不多久，就到了红楼，来到门前把门扣，说出了来由。
姊妹开门看，一见好喜欢，相公快请进家院，与你把情记。
急忙来陪伴，办桌好酒筵。有请相公座席上，饮酒把话谈。
二人把酒饮，扯些闲事情。小青一旁来站定，执壶把酒斟。
相公的家庭，可曾可娶亲。在家作何营生，说与奴家听。
只因家贫寒，无钱娶亲眷。我在药房当伙伴，找点零用钱。
素贞暗思忖，看他好人品。不如与他结为婚，站住了脚跟。
忙把身立起，假意去更衣。小青席上来陪你，相公慢慢吃。
小青忙上前，执壶把酒劝。奴有一句对你谈，你要听的端。
我家的小姐，人才本不孬，要与相公把亲结，二人度日月。
小姐人不错，她也懂医学，只要你俩合了伙，吃穿值什么。
许仙他一听，此事那们行，况我家贫怎娶亲，莫误小姐身。
只要你答应，莫讲金和银，不如你俩结成婚，建立小家庭。

庐陵王抛打绣球

花鼓闹沉沉，来到贵府门，
我们唱个小书本，陪伴老少们。
观众老和少，听我说根苗，
公主彩楼把亲招，万古把名标。
历史轮流转，唐朝的时间，
庐虞陵皇帝坐金殿，房州把民管。
有个纪鸾英，住在丁家村，
带领子侄两人等，暂且来安身。
她家本姓薛，丈夫把祸惹，
改名换姓住在这，舅公家安歇。
光阴快如箭，日月如梭穿，

儿子侄儿各大点，长成美少年。

儿子名丁葵，年方十三岁，

脸如烟熏的太岁，身大力不亏。

侄儿名丁姣，年满十五了，

长得是个好品貌，赛过小马超。

且说纪鸾英，教育有根本，

不忘满门冤仇恨，时刻记在心。

教育俩兄弟，你俩莫忘记，

白日抓紧习武艺品，晚上把书习。

丁葵人很笨，就像不聪明，

教他习武不忘记，习文点不行。

只有小丁姣，各样都很好，

婶娘把他一指教，他都做得到。

鸾英经常论，你俩记在心，

要替祖父报仇恨，才算后代根。

这里暂不讲，又说一地方，

房州城内庐陵王，生下俩女郎。

大女名端阳，美貌世无双，

犹如嫦娥把凡降，是个好姑娘。

安阳也不孬，能比张七姐，

文武全才好角色，没得点欠缺。

她们俩姊妹，住在皇宫内，

个个生得都俊美，犹如女中魁。

庐陵王皇帝，每日心内记，

与女配个乘龙婿，才解决问题。

想起古时候，男女配佳偶，

要得姻缘天生就，彩楼抛绣球。

前朝有古典，我们照着办，

抛球招亲结良缘，流传在世间。

吩咐众兵丁，你们莫留停，
搭座彩楼在南门，抛球来招亲。
手下众兵将，听得主上讲，
彩楼搭起好快当，几天就到堂。
彩楼一搭成，四方都得信，
人山人海多得很，齐来房州城。
听说结彩楼，招亲抛绣球，
不管公子和王侯，都想驸马做。
丁葵和丁姣，这时也知道，
忙对母亲把话表，要去看热闹。
鸾英忙吩咐，莫去把门出，
抓紧习文和习武，免得祸惹出。
这俩少年人，不肯听教训，
硬要犟起去出门，马上奔路程。
吃了早早饭，弟兄把路赶，
路上行程快如箭，不觉到城边。
到了这地方，举目来观望，
彩楼搭得多漂亮，像是座天堂。
只见那公主，人品好俊秀，
好比芙蓉花一树，随风在摇舞。
站在彩楼上，两眼看四方，
只见好多少年郎，齐来到教场。
若干好青年，都想结良缘，
那个不把美色贪，热爱女红颜。
姻缘前生定，佳偶自天成，
自古万般都是命，由命不由人。
闲言且不表，公主一大早，
来把上苍暗祝告，好把绣球抛。
公主祝告完，举目四下看，

然后将球抛下面，绣球随风旋。
虚空过往神，听得祝告情，
暗用绣球做指引，寻访有缘人。
忽然一阵风，绣球飘到东，
老天也把人弄送，欢喜一场空。
东边风又起，绣球绕到西，
人人跟着跑过去，想做乘龙婿。
当真好奇怪，绣球不下来，
好像在把游戏赛，老天有安排。
丁姣和丁葵，早入教场内，
也想来做乘龙配，要夺女中魁。
六丁六甲神，早已查分明，
南边两个小后生，正是配偶人。
忽然这绣球，它往南边走，
一下打中丁姣头，丁葵忙伸手。
丁葵一旁站，见球落下面，
要打哥哥头上边，忙伸手上前。
弟兄人两个，都把绣球捉，
霎时一下各扯破，都想各顾各。
俩个小细娃，都有个想法，
哪个不想招驸马，哪怕弟兄家。
弟兄正争论，来了一大臣，
名叫武国公马登，上前问原因。
你们人两个，谁把绣球捉，
事情前因与后果，仔细告诉我。
丁姣忙开言，国公听的端，
绣球打中我头面，是兄弟讨嫌。
丁葵急忙说，国公听明白，
绣球它也打在这，当时我也得。

弟兄两个人，争论不松行，
马登无法办此情，急忙入朝门。
马登把朝上，去见庐陵王，
他把抛球这情况，从头讲端详。
好个当今皇，也难做主张，
只有把这弟兄俩，考武选才郎。
忙传这两人，火速入朝庭，
谁有武艺和本领，就把他选定。
听见圣旨传，忙入朝里面，
俩上跪在金銮殿，双双朝龙颜。
天子用目看，只见俩少年
一个白脸一黑脸，跪在我面前。
你们人俩个，细听孤王说，
谁个武艺若不错，我就选谁个。
首先考刀枪，看谁本领强，
后取铁弓一张，交一弟兄俩。
哥哥忙上前，来把铁弓端，
轻轻一扯弓就满，一点都不红脸。
兄弟搞杀急，几步上前去，
他把铁弓一拿起，一扯就脱皮。
两个少年郎，本领都高强，
只得两个都选上，双招驸马郎。
满朝文官，人人笑满面，
贺喜君王好主见，留得美名传。
皇王开金口，酒筵摆龙楼，
陪伴驸马来饮酒，万古把名留。
观众老和少，亲戚与同胞，
彩楼招亲把球抛，双把驸马招。
老少听根源，一本书唱完，

歇一下气喝竿烟，然后接着玩。

4. 干龙船唱词

黑路来啦黑路来，黑路莲花遍地开，
龙船划来无别事，专为主东送财来。

送财来呀送财来，先把财神来参拜，
财神一生不计较，春夏秋冬在门外。

财神送财又到财，财神人人都喜爱，
你为主东开财门，早晚鸡回来相待。

掉头又把门神拜，威威武武两大帅，
康太保来左边站，尉将军来右边摆。

身不动摇功夫在，目不转睛看世外，
把门将军任务重，进出识别好和坏。

划船之人心正派，让我来把财门开，
左脚进门生贵子，右脚进门财运来。

主东财门大大开，一送喜来二送财，
观音送子在高堂，财神送财屋里摆。

财喜送到主东爱。一个学生敬香来，
蜡烛一对香三根，保佑进京考秀才。

麻线一纽五瘟带，带出五瘟人自在，

六畜兴旺人安康，金银财富滚进来。

龙船中堂把神拜，祖宗八代都请来，
天地君亲师内主，灶王夫君也接待。

主东中堂好气派，摇钱树子中堂栽，
早捡金银三四两，晚捡半斤不用猜。

金银财宝听安排，滚进中堂不出来，
家中有口聚宝盆，金花银花天天开。

主东尾场仙人摆，盘龙地形主发财，
前有"军旗"山一座，多出文官和秀才。

六畜兴旺人自在，家有万资金银财，
儿孙绕膝福齐天，福禄寿喜传后代。

各位神灵都参拜，一家之主请出来，
主东是个善良人，名响五湖和四海。

主东代表好人才，心善气和把人待，
多做好事来禄寿，长寿百岁要开外。

船划浪中把渡摆，白鬓福婆慢步迈，
腰不佝来背不驼，能与当年令婆赛。

那头划到这头来，眼见大姐在做鞋，
这边一针锥过去，那边一针锥过来。

若有那针锥不过，怀里取出针夹来，
手脚麻利眼睛好，脚上天天穿新鞋。

童男童女长得乖，穿金戴银逗人爱，
观音送子有眼睛，富贵人家好后代。

自己苦处自己摆，光绪七年遭旱灾，
颗粒无收米价涨，拖坏许多穷秀才。

逃荒贵州去参拜，心想贵州去发财，
一到贵州就害病，快快妥妥转回来。

重操旧业把艺卖，好玩求生度荒灾，
奉劝两旁好亲朋，切莫学我爱自在。

沿河两岸这一带，只有我把龙船爱，
有空时间我认学，我学要比别人快。

一天师傅对我摆，龙船根源有记载，
五个姊妹都划船，各摆各的大擂台。

只有五妹个子矮，不敢抛头去世外，
本地本土学划船，沿河两岸行参拜。

划船之人奉神差，赐我嘴巴长得乖，
说的话来神保佑，无的说出有的来。

又送喜来又送财，福禄寿喜都送来，
五瘟六瘟带出去，大吉大利请进来。

说你发财就发财，一句话来答三代，
儿子儿孙传下去，家发人兴万万代。

时逢好事过得快，还要别家去参拜，
铜锣响声来告辞，多谢主东好招待。

5. 孝歌

"孝歌"是民间悼亡挽歌。长辈死后，晚上请歌师击鼓唱歌。一人领唱，两三人对歌。唱腔有高、平、低、吟，时而高扬颤跳，时而低回婉转，节奏自由，边鼓伴奏。歌词除忠孝节义故事唱本外，多即兴演唱，叙述死者生平、慰问孝家。既有对死者哀悼怀念之情，又有对生者警策慰勉之意。官坝孝歌唱腔有孝歌头、嚎啕韵、飞为韵、油禄韵、汪洋韵、咸山韵、抓马韵、古佛韵、黑白韵、能成韵、波合韵、排怀韵、稀奇韵等。

孝歌头

追悼丧鼓响，亲朋入孝堂，歌师来到此，孝子莫悲伤。大雪飘飘，扰乱今朝，阎王取命，不分老少。

伏羲、天地开场，日吉时良，歌郎到此，大吉大祥，打扫堂前地，炉内焚宝香，列位都请坐，听余开个歌场。

余下想开个长的，怕冷落众位歌郎，又想开个短的，一夜时间太长，听余下开个不长不短的，奉陪亡人到天光。

开天天有八卦，开地地有四方，开人人有三魂七魄，开鬼鬼有一路毫光。

开歌场，开歌场，歌郎所生五子，五子个个高强，大哥点了头名状元，二哥中了翰林学士，三哥点了探花，四哥在孔夫子学堂，只有五哥不成大器，成了守丧的唱歌儿郎。

来位唱歌儿郎，身背破鼓一面，手拿泡木鼓槌一双，左手推丧丧不动，右手推丧丧不张，走到孝堂，既不会打三槌哀鼓，也不会唱三句哀歌，黄犬儿乱叫，金鸡儿乱啼，这号歌郎算不得歌郎，擂鼓三捶。赶出孝堂，替孝家看猪守羊。（击鼓）

峨眉山上来位歌郎，身背花鼓一面，手拿黄杨木鼓槌一双，左手推丧丧亦动，右手推丧丧亦张，走到孝堂，唱了三句哀歌，黄犬儿不乱叫，金鸡儿不乱啼，这号歌郎才算得歌郎，三杯御酒，请进孝堂。

请问孝家，亡者何日得病，何日倒床，何日何时不沾茶汤，何日何时打鼓闹丧。孝家答曰，初一得病，初二倒床，初三初四茶水不尝，初五初六悬幡挂榜，初七初八打鼓闹丧。

请问歌郎，打从哪路而来，歌郎答曰，打从峨眉山上而来。请问歌郎，峨眉山上得见什么景致，歌郎答曰，没见什么景致，只见九十公公肩挑一担，八十婆婆手提一笼。请问歌郎，肩挑一担是什么，手提一笼是何物，歌郎答曰：肩挑一担是阳鹊，手提一笼是画眉，阳鹊会讲话，画眉会唱歌，大家请安静，各位都请坐，听唱画眉和阳鹊。

开　场

新故亡者辞世上，三魂七魄升天堂。
抛妻别子往仙乡，离阴返阳至乐邦。
不才孝府用目望，一副孝棺摆华堂。
孝男孝女悲声放，颗颗珠泪湿衣裳。
余劝孝官仔细讲，一必啼哭久悲伤。
你看凡间这情况，下界掌簿鬼阎王。
他把生死簿子掌，谁个寿短谁寿长。
阎王注定三更上，岂肯叫人五更亡。

嚎陶韵

昨天得了走脚报，得知亡者驾返瑶。

家中有些大务小，一天都在生产劳。

太阳刚刚把山靠，行走不怕路途遥。

走到孝家修屋造，几步就到孝家桃。

眼见灵前大男小，都在放声大哭嚎。

孝家派人到处跑，几天几晚都在熬。

孝家办得热热闹闹，烧的烧火撩的撩。

做的做饭挑的挑，摆的摆桌调的调。

堂前时时在放炮，去一朝又来一朝。

灵前摆得几多好，碗碗装的是佳肴。

瓶中装的杜康造，锅里煮的肥有刨。

盘中盛的天鹅抱，香料放的金魏陶。

孝家听我粗言糙，世人难把百岁逃。

人人个个都有老，送老归仙谁不劳。

赞亡赞孝余要搞，要我侧边效个劳。

三言两语将鼓交，将就来个顺水挠。

飞为韵

只候师家歌落尾，吾吐心血来奉陪。

不才未曾跟师睡，才疏学浇难比谁。

马儿怕的把鞍配，铁匠怕的打大锤。

谷子怕的响擂擂，下雨怕的打炸雷。

嫂嫂怕的挑远水，姐姐怕的背妹妹。

啄木鸟怕啄断嘴，妖魔怕的紫为非。

学生怕地把书背，十八女子怕出闺。

托子怕的把门睡，磨子怕的打反推。

坐月之人怕冷水，茶罐怕的打干煨。

溜子怕的雄黄水，泥鳅怕的打石灰。

为余怕的把师会，礼义不周余有愧。

晓得唱得对不对，心里吓得颤微微。

师家做个长流水，河宽海量代余回。
只要师家高抬贵，为余才不得吃亏。
闲言几句歌落尾，龙凤交给师家捶。

油禄韵

师家龙凤交我手，勉强接到手里头。
一听师家唱几首，前朝后汉有根由。
夫子温良王曰叟，战国苏秦张仪侯。
苏秦登上六国口，张仪两次向秦楼。
鲁国促尼与子路，七雄争霸占鳌头。
姓皇他把天子做，又把万里城墙筑。
汉朝刘邦是好手，平秦灭楚四百秋。
王莽篡位用毒酒，光武中兴把业筹。
新野刘备弧穷走，孔明用计得西蜀。
汉朝四百年以后，乳子刘禅失汉禄。
司马晋为为始祖，三公五宴占鳌头。
传至隋又归一土，杨广观花到扬州。
世民又把天子做，薛刚反唐祭铁丘。
李旦在位发慈厚，明皇又把月宫游。
玉祯他把娘娘做，哪知反贼出安禄。
罗昆被害遭毒手，又出胡奎卖人头。
到此余不往下诉，冷落师家无来由。
闲言几句风吹柳，流水下滩弟二丘。

汪洋韵

自从盘古天地降，才有天皇与地皇。
女娲炼石神通广，伏羲八卦定阴阳。
神农才把五谷降，轩辕黄帝制衣裳。
燧人赞木火取上，有巢教民住楼房。

尧帝在位洪水涨，五湖四海成汪洋。
禹王才疏洪水浪，五龙归海奏玉皇。
夏代为君人受享，桀王无道归成汤。
六百纣王失了望，西周出了周武王。
文王渭水把贤访，子牙归周降殷商。
七十二国各封赏，又出五霸并七强。
秦吞六国归一方，楚汉相争出汉王。
又出奸臣是王莽，药酒毒死汉平王。
篡位刚到八年上，刘秀中兴在洛阳。
位传四百王位丧，三国纷纷逞豪强。
江东孙权势浩荡，自称吴王东三江。
曹操自封汉丞相，他在许昌称魏王。
刘备得失新野上，孔明设计扶刘皇。
三国纷纷传过往，改国两晋与前唐。
到此吾不往下讲，冷落师家在一旁。
残言几句将鼓放，师家你要帮个忙。

咸山韵

只候师家把鼓按，为余连忙把腰弯。
将鼓接到手里面，连唱几个一二三。
孝家亲朋满堂站，孝堂挂的青孝帘。
不才是做河下赶，开口得罪众歌仙。
小余是个屁不但，粗言糙语望海涵。
今夜仙台余一看，只有不才是下蛮。
从小未曾把书念，出言吐词不周全。
一来字头不齐斩，前扯后来后扯前。
为余差火又欠炭，挑起风箱上云天。
师家唱得不简单，句句言语把墨含。
好比升子底放碗，唱得内方外又圆。

唱的一板接一板，好比线线串铜钱。
一颗钉子对个眼，比列排排织二三。
为余才疏见识浅，望求师家要海涵。
残言几句将鼓按，顺水弯船靠左边。

抓马韵

师家龙凤交余下，不才勉强把鼓拿。
蛇见雄黄骨垮架，菜苔见火自然粑。
好比花椒相嘎嘎，看见心里肉都麻。
将鼓接来试一下，抓到黄牛就是马。
虽然余在把试架，接在手里也无法。
一来余不识文化，二来未把学堂跨。
粗言糙语得罪达，大人莫怪细娃娃。
各出师家人不傻，句句唱得几合法。
唱得人真事不假，跛子背黄豆几俏洒。
只有小余生得傻，生就是个马大哈。
唱的牛跨扯马胯，尽是唱的日打瞎。
师家要做宽洪大，望求莫嗫娘的妈。
话在川西看五霸，歌师莫把小余卡。
刚才龙凤要交下，交给师家请你拿。

古佛韵

师家交来龙凤鼓，小余吓得汗水扑。
接来只把眼睛鼓，想唱余又唱不出。
勉强来到仙台住，坐在仙台把丑出。
从来未进学堂门，未进学堂吃苦头。
只会耕田所农务，挖泥拌土种苞谷。
今夜仙台陪师傅，河宽海量带得吾。
只因新亡把世故，驾返去会西天佛。

今日得信在上午，黑达才到孝家屋。

孝家要我仙台住，浑身吓得汗直出。

本来不想仙台住，又是泥佛与土佛。

到处躲又躲不住，为余只好不得不。

唱的言辞无公母，未有平上与去入。

今夜我在神下住，余是捧神来享福。

才将推车把坎杵，换手师家叫明目。

小余要教龙凤鼓，凤鼓教得师心服。

能成韵

师家你把龙鼓运，小余接鼓怕不行。

手拿龙鼓有些很，浑身急得汗淋淋。

师家唱得不打顿，句句唱的有诗文。

唱得通情理又顺，唱得合理又合情。

只有小愚生得蠢，从小未跨学堂门。

今夜仙台余一听，差就差到余一人。

几多高师来盘问，高师恩宽带得人。

粗言糙语莫见禁，雪落高山霜打平。

六亲会合孝府进，请坐仙台陪亡魂。

一个光棍要帮衬，会打花鼓六个人。

一根独木桥不稳，一根树子不成林。

古之常言都在论，夫子门前三千人。

千根麻绳吊下井，大家纽成一根绳。

关公为人有根本，哪知后来败麦城。

岳飞出马去上阵，马前张保后王横。

霸王乌江他自尽，只为左右缺少人。

闲言几句歌落听，龙凤好比风送云。

换手接鼓把歌论，雨打梅花散四林。

波合韵

师家龙凤交给我，小余拿起把急着。

小余是个跛落货，勉强仙台凑一脚。

今夜差只差得我，便是好脚连疼脚。

勉勉强强仙台坐，癞子跟月亮过河。

唱歌我差八把火，今夜要算我弟末。

不是粑粑和果果，难吃这个面面药。

倘若余不唱两个，想走也是难走脱。

虽然勉强把夜坐，不才是向师家学。

打算一回学一个，学得几年有几箩。

请求师家要教我，将来余才有把握。

望祈师家莫见过，新穿鞋子才合脚。

众位师家要掌舵，不才是在座角角。

残言几句不久罗，要把龙凤来推脱。

师家你要帮助我，龙鼓交你赶忙捉。

排怀韵

师家龙凤来交代，将鼓交给余不才。

请师要做大小带，望求师家要宽怀。

师家都是歌口袋，一唱牵起线线来。

各台师傅莫见怪，小余永只提草鞋。

出门帮倒背口袋，只要得信我就来。

古言针无两头快，不是小余划不来。

小余是个孬烟袋，冷落师家在仙台。

唱好唱孬莫见怪，希望把余带出来。

常言几句风吹摆，龙凤交给师安排。

稀奇韵

歌师你把龙鼓递，小余拿起就着急。

勉勉强强唱几句，得罪灵前众亲戚。

小余唱歌不大几，从小未把墨水吃。

西扯东来东扯西，上下平仄拿不一。

大河流水往东去，当中就莫出难题。

十个指头有粗细，山中树木有高低。

搬起簸箕把天比，要争好大不量力。

苞谷切莫比大米，有的不吃有的吃。

我向师家交过底，今晚差的我第一。

倘有言语不如意，呈请众师当面提。

残言只唱到这里，冷落歌师没得益。

才将要把龙鼓递，龙凤交你莫扫皮。

第九章

变迁与适应——官坝苗族的生存策略

第一节　官坝苗寨村落的形成

中华民族的形成、发展始终伴随着各族群的迁徙、交融，也正是历史上各族群的迁徙与交融，才形成了中华民族多元一体的政治格局以及中国少数民族大杂居小聚居的分布状态。历史移民是近年来历史学、民族学、社会学等学术领域关注较多的话题之一。历史移民是指在中国历史发展进程中以血缘或地缘关系大规模地跨地域迁徙到较为理想的区域落业扎根的人群，即"具有一定数量，远离原住地一定距离，并且在迁入地居住了一定时间的迁移人口"①。

纵观中国历史，少数民族内迁，汉族从北向南、由东向西的迁移成为历史移民的大趋势。尤其是封建时期永嘉之乱、安史之乱和靖康之难，直接导致了中国历史上三次大规模的移民潮，促使南北方人口比例逐渐均衡，政治、经济、文化重心从黄河流域转向长江流域。《晋书》记载永嘉之乱时期"中州士女避乱江左者十六七"②，涉及全国南渡的人数不在少数。唐朝天宝末年，"多士奔吴

---

① 葛剑雄、吴松弟等：《中国移民史》，福建人民出版社 1997 年版，第 10 页。
② 参见《晋书》卷 65《王导传》。

为人海"①，安史之乱时期北方"士君子多以家渡江东"②。到北宋末年靖康之难时期，南方各地，西北流寓之人遍满。谭其骧先生在总结"永嘉之乱"以后人口迁移的特点时明确指出，"南渡乃是正流"③。这些都是由于政治因素所带来的大规模移民现象。然而历史上更为频繁的是，不同规模的族群总是在不断选择各自认为较为理想的生活区域，这个过程从来就没有停止过。

族群迁徙是历史上也是现代社会中的普遍现象。与企业内迁、支边、劳动力流动，尤其是与大型工程项目造成的现代移民相比，历史上由于自然灾害、战乱、招垦等原因形成的历史移民现象，更具族群性迁移的特性。历史时期的迁徙人群一般都以血缘或地缘为联系结伴迁往他地，致使移入地族群分布格局发生变化，继而移民群体的族群性建构对移入地的历史文化产生形式上甚至结构性的影响。

官坝苗寨是鄂西南地区的一个传统苗族村落。官坝苗寨所在的鄂西南地区属于武陵地区范围，这里是历史上中原出入西南地区的主要通道，各族群迁徙频繁、各种文化积淀深厚，被称为"武陵民族走廊"。官坝苗寨的祖先约在300年前从湖南麻阳一带迁徙而来，官坝苗寨周边居住着汉族以及更早期的历史移民土家族，不论是在人数上还是在传统生计方面，官坝苗族群体都逊于周边的汉族和土家族族群。虽然自然环境严酷、资源紧张、各种矛盾充斥，而官坝苗族不论是在历史上还是在现代社会中都能与周边的族群和睦相处，并能在现代社会使自己得到较好的发展，究其原因，在于官坝苗寨移民群体族群性不同阶段性的表述。

明清时期全国范围内的大移民对西南少数民族族群分布产生的影响深远，西南少数民族历史移民状况在此阶段广载于官方史籍、地方志及族谱。山西洪洞大槐树、江西安庆府、湖广孝感等地加入

---

① 参见《全唐文》卷529《送宣歙李衙推八郎使东都序》。
② 参见《旧唐书》卷148《权德舆传》。
③ 谭其骧：《长水集》，人民出版社1987年版，第223页。

到西南民族地区民间流传的"江西填湖广、湖广填四川"移民潮中，留存在移民后裔历史记忆中对祖籍地的表述。《明史》《明实录》等文献详细记载了明代十几次移民的情况，整体呈现出中央朝廷为主导、有计划、大规模的内聚型和开发型的移民特征，其中以戍边卫所移民为主体的军屯促使大量江右移民迁入西南少数民族地区。官坝苗族移民族群祖先为避元末明初时期北方及江西战乱迁徙到相对安定的湖南麻阳地。作为"苗疆前哨"的麻阳地历来是苗族聚居区，与乾州、凤凰、永绥、晃州等厅"生苗区"相邻。迁入麻阳的移民群体在与当地苗族民众的融合中逐渐固化了苗族的身份认同，并且广泛接受了苗族族群的文化影响。

清雍正年间，西南少数民族地区逐步废除土司制度，设置流官，出现了以汉族向西南少数民族地区大规模人口迁徙为主的移民潮，由此形成了西南地区移民运动的特色，这在乾隆年间湖广官员向朝廷呈送的奏折中得到了印证。"施南一府僻处万山……自雍正十三年改土归流以来，久成内地，以致附近川黔两楚民人，或贪其土旷粮轻，携资置产；或借以开山力作，搭厂垦荒，逐队成群，前后接踵。"[1] 一时间鄂西南地区从荆州、湖南、江西等处迁来的流民竞集，官坝的苗族移民也是相次招类偕来。陆姓苗族与同乡的张、唐、钟、田四姓从湖南麻阳辗转到湖北宣恩蚂蚁洞，加之后来与陆姓一同定居官坝的滕姓，可见当时迁往鄂西南地区的苗族移民族群至少有六姓，规模较大。

追随历史，官坝移民村落形成为族群的建构可分为三个阶段。

第一个阶段是大田所龙坪堡时期。官坝及其所在的龙坪在元代以前一直是散毛土司的领地，东边是施南土司，北边是唐崖（大田）土司和金峒土司。土司之下的土家族山民们，在这里过着以渔猎和游耕为主要生计的溪峒生活。

明朝末年，朱氏王朝在农民起义和清兵入关的双重冲击下瓦

---

① 《宫中档乾隆朝奏折》第四辑，台北故宫博物院影印版，1982年，第461页。

解，卫所制度也随之崩溃。特别是"夔东十三家"，多次进攻并长期占据卫所地区。康熙初年，王观兴胁裹大批卫所军民到荆州，之后又有吴三桂、谭宏的动乱，龙坪堡以至整个大田所几乎完全荒废。

直到康熙二十年以后，清朝廷废除卫所世袭制、军屯制，重派流官性质的守备、守御担任卫所官员，全力推行招垦政策。招徕对象不仅包括当年被迫流亡荆州的卫所军民，也有下江两湖两江汉区的无地农民，还包括西南各地特别是湘西、贵州一带的苗、侗等少数民族，经过几十年的招抚，大田所主要屯地基本恢复。事实上，主要屯堡地区的大量熟田坝子里，应召而来的仍然是回乡的昔日卫所官兵，特别是官员。真正应召而来的无地农民，则是聚集到周边被土司侵占的区域和未曾开垦过的荒山，龙坪屯也是其中之一。因为朝廷给地招垦而来的各地流民，也凭借朝廷的帮助在龙坪定居并取得了土地所有权。其中，就已经包括后来组成官坝苗寨的陆、滕、钟等姓苗族移民。

第二阶段是垦荒的麻阳苗族移民时期。湘西麻阳是武陵山区开发最早的地区之一，境内溪河众多，苗族形成了稻作农业的历史传统，有开发利用沟渠谷地的丰富经验。麻阳是辰水（锦江）河畔的重要码头，也是武陵山区各少数民族与华南交往的主要集散地之一，麻阳人与武陵山各地各族都有比较密切的联系和交往。同时，麻阳自唐代以来一直是朝廷讨伐镇压武陵山各族人民的重要军事据点，麻阳苗族与九溪十八峒各族人民一样，处在严酷的压迫歧视之下。

清朝初年西南地区的"给地招垦"政策，对苦于无地的农民都有极大的诱惑力。麻阳苗族农民在施州卫、大田所的招垦中，以及以后"改土归流"的招垦中，都有积极响应。龙坪堡"给荒垦种"招来的各族无地农民中，也有来自麻阳的苗族农民。

如前文所述，桐麻堡上有陆氏的龙坪始祖陆至贵（1677—1756）的墓碑，两侧镌刻有后人的祭文："先祖至贵公于雍正三年

（乙巳年1725）由湘之麻阳县迁至鄂西咸丰龙坪安居繁衍，至今已历十二世，约四百余户后裔二千余人。"雍正三年可能是最后立业定居官坝的时间，前面也有一个辗转的过程。当地传说，张、唐、陆、钟、田五姓人一起，为躲避战乱从麻阳迁来。最先是落在"蚂蚁洞"（忠建河下游约50里，今属宣恩晓关），后来才分成八股分散到周边。

第三阶段是家族院落形成时期。官坝所在的龙坪在明代以前的散毛土司时代是军民合一的"溪峒社会"，大田所时期是军垦性质，也是军民合一的"屯堡社会"。清初赶走土司、废除卫所以后的龙坪，乡村社会组织是一片空白。康熙年间招垦来的移民们，面临的不只是垦荒，还必须面对众多的社会纷争，需要组织起来；接踵而来的"改土归流"废除金峒、唐崖、龙潭土司，连同大田所于乾隆元年设置咸丰县，新政权也需要新的社会秩序。而且宋代以来的"家族化"运动，早已成为主流社会里惯常的民间组织模式，也是流官和大多数移民的认知习惯。也就是说，在流官、移民们垦荒的同时进行的乡村组织建设中，家族组织是源自认知习惯的第一选择。在流官政权处理乡村事件的早期文告里，在移民们留下的早年迁徙、落业的家族故事里，都能体会到这种认知。

麻阳苗族移民的家族认知影响，早在迁徙过程中就有所表现。传说从麻阳迁出时，"张、唐、陆、钟、田"五姓人就是结伴一起，一起出发、一起辗转两省、一起选择落脚在蚂蚁洞，还一起赞助修建晓关街上的"禹王宫"。也就是说，早在麻阳他们就有了强烈的家族意识，已经经历了合族修谱建祠堂的"家族化"过程，已经完成了"源自江西"的祖先认同。所以他们才会参加江西会馆性质的"禹王宫"建设。但是，他们都是麻阳最穷困最底层的家族成员，强烈期盼改变当时自己的社会经济处境，包括家族组织中的地位。因此他们脱离家族，结伴远赴战乱之后的"施州"以寻找发家立业的转机。

苗族移民们在龙坪开展的"家族化"社区建设，在龙坪社区发展史上有划时代意义。当地普遍传说，以前人们都住在"合家坪"，后来分散下来，才建起官坝的陆家院子、朱家院子、滕家院子、夏家院子等。口碑中的"合家坪"时代，是土司时期溪峒组织、卫所时期屯堡组织的社区面貌，军民合一的社区性质不能允许家族结构的社区组织。陆、滕、钟等姓麻阳苗族迁来以后，当然也是土司统治、卫所统治被彻底废止以后，开始了家族社区的发展阶段。其中最重要的空间结构变化，就是"合家坪"变成"家族院落"。

龙坪官坝社区建构的另一重要特征是在陆、滕、钟等家族组织家族院落之上，成功地建构出"麻阳人"的次级社区，并使之成为认同和区别的重要工具，也是官坝苗寨形成的重要标志。

在官坝苗寨的历史记忆中，滕姓与陆姓一同迁居鄂西南地区官坝一带。从族谱材料得知，虽然官坝各家族的迁徙路线、迁徙时间稍有不同，但仍在此时期西南少数民族迁徙范围之内，但可以确定的是陆、滕两姓迁出地、迁入地、族群身份认同都是一致的，由此在民众中就有了两姓同时落业官坝的族群性表述。

族谱和碑文是族群成员对祖先历史记忆的表述，而《咸丰县志》更多反映地是官坝苗寨周边族群对其迁徙的认识。《咸丰县志》提到陆姓迁徙的原因是"先世参加过湘西苗族人民起义，惨遭杀戮和虐待"，结合史实，康熙年间在湘西苗区开辟苗疆，实施"赶苗拓业"的政策，"杀戮和虐待"确为麻阳苗族外迁的主要原因。直至鄂西南地区改土归流基本结束，清朝廷废除卫所世袭制、军屯制，重派流官性质的守备、守御担任卫所官员，全力推行给地招垦政策，大力招徕流民；而麻阳外迁的苗族，为了躲避战乱，最重要的是获得生存资源，才会结伴而行。族谱、碑文所记内容以及祖先迁徙的原因逐渐成为官坝移民族群的普遍认知，并成为自我族群建构的基础材料。

第二节 身份的暂时失忆——
官坝苗族的生存策略

法国学者莫里斯·哈布瓦赫首先明确提出集体记忆这一学术概念，后人因关注的视角不同而用历史记忆、社会记忆、文化记忆以及沟通记忆等多种表述方式来扩展其外延。其中侧重历史呈现的历史记忆在历史移民的族群性表述方面被较多学者采用。历史移民族群的历史记忆就是指历史上某一移民族群，把先民在原居地族群特性及迁徙过程的遭遇等与迁徙相关的信息留存在族群记忆中，并一代代传袭下去，不断丰富完善，在特定背景下重新被后裔表述出来的对祖先迁徙历程的回忆。与之相对的是集体记忆断裂和重构特殊形态的集体失忆，具体到历史移民族群的集体失忆是指移民族群后裔对于本族群祖先过去迁徙历史的漠视与淡忘，对于祖居地族群性的记忆和了解逐渐减少，不能客观准确地评价族群迁徙历程，甚至对于迁徙历史发生曲解、误解。但在官坝苗族移民族群中对祖先迁徙历史的集体失忆只是暂时的，完全是迫于生存需要，而且是采用了"视情况而定的族群认同"的"同心圆的认同结构"[①] 来实现的。可以说，落业初期苗族移民族群对麻阳以及迁徙历程有着清晰的历史记忆，但为了尽快融入鄂西南地区汉人以及土家族群中，获取更多更好的生存资源，建立有利于族群发展的社会环境，刻意地模糊甚至消解了在麻阳地形成的族群性。

一般历史移民族群选择的落业地基本都是资源相对丰富的地区，当他们进入迁入地初期，首要解决的是生存问题。鄂西南地区在土司时期，生产力较为落后，人口较少，土地、山林等生存资源

---

① 王明柯：《羌在汉藏之间——川西羌族的历史人类学研究》，中华书局 2008 年版，第71 页。

相对较多。而蚂蚁洞、龙坪、官坝一带位于卫所和土司的交错区域，是中央统治与土司制度的缓冲地带，卫所区的汉民与土司辖区的土家民众交流频繁，各自的族群意识也相对淡薄，能够以更为容纳的心态接纳外来人口。官坝苗族移民族群在此处落业有着地利、人和的优势。辗转到鄂西南蚂蚁洞后，苗族移民族群受到宋代以来的"家族化"运动影响，在垦荒的同时积极主动地进行家族化建设，寻求多元化的生存资源，严格明确可分享资源的人群范围。

与当地大姓联姻，获得周边早先移民族群的接纳。陆至贵"配金氏"以及"金婆婆"的故事在官坝苗寨中广为流传。需要指出的是，金氏是谭家的寡妇，嫁入陆家时带有谭家一幼子，即后人在编修族谱中纳入陆家族谱的永秀，这样构建了陆氏"拟血缘"的一房，拉近了陆、谭两姓的距离。民间流传"陆谭二姓不开亲"的说法，极有可能是陆氏攀附当地土著大族谭家来取得谭家容纳其落业于当地的结果。而金家在卫所屯军地区同样是大宗，陆至贵通过联姻的方式，与金家建立了姻亲关系。同样，如前文所引，"官坝滕氏始祖（滕）善元……与运亨、运兴二子迁移至四川焕香寺白泥田居住，运亨向门入赘"。可见，滕姓辗转四川白泥田时，是通过入赘当地土著大姓向氏来建立姻亲关系，从而获得向家的认可和庇护。这种是短暂的掩饰其族群性导致的族群集体失忆的过程，促使苗族移民族群作为外来群体有效地与当地的主要族群建立了亲密关系，为族群的落业及长远生息创造了有利的外部环境。

与结伴迁徙的同乡苗族"合坪"，也巩固麻阳的地缘关系。麻阳苗族移民早在迁徙前就有强烈的家族意识，家族认知的影响在迁徙过程中表现得更为明显，有着相同祖先认同的族群更容易结伴迁徙外地。在官坝苗族移民族群的历史记忆中，张、唐、陆、钟、田五姓人结伴辗转到蚂蚁洞，集资买来当地八姓人家方圆几十里的土地，取名为"合家坪"，从此就有了"五姓八股业"的说法。五姓还结成类似家族血缘的"弟兄关系"，以蚂蚁洞为基地，"四处分散"寻找对无主荒地的"量力开垦"的占地占田机会。这种"弟兄"关系是以内向式的各族群间的合作、分享与竞争解决生存资源问题。后来五姓又相约出资修建本地集市上带有会馆性质的合族宗祠——"禹王宫",每年在宫内都要集会商讨族群内部事务以及与其他土著族群的交流问题,在宫内举办当地盛行的敬菩萨仪式来争取汉人、土家族群以及主流社会较大程度的认可。官坝苗寨历史记忆中的"合家坪"时代,是土司时期溪峒组织、卫所时期屯堡组织的社区面貌,五姓苗族移民有效地利用特殊时期的社会规范,通过短暂对本族群的族群性进行集体失忆,在"溪峒时代"背景下,将麻阳地形成的江西祖先历史记忆得到重新表述,既巩固了与不同家族麻阳地缘关系的认可,也增强了自身在迁入地与当地族群分庭抗礼的实力。

官坝苗族历史移民族群的迁徙几经辗转,最终选择定居于官坝。在初入鄂西南地区之前,无论是宣恩的蚂蚁洞还是四川的白泥田,只是初期的落业之处。作为迁徙而来的移民族群,落业初期必须暂时对"麻阳人"的族群性集体失忆,最大限度地消释当地人对非本族群的排斥,通过联姻等方式赢得当地主要族群的认可,并与结伴而行的其他族群强化地缘关系,来逐步增强本族群在迁入地资源竞争的实力。集体失忆的同时也是继生存空间发生变化后,对在原居地形成的江西记忆重新表述。事实上,这种表述的曲折过程在现今西南民族地区,特别是在武陵多民族地区具有普遍性。

第三节　符号建构——官坝苗族
永续发展的基础

族群理论是 20 世纪 30 年代兴起于西方的学术概念,50 年代以后,中国台湾学者将之引入并用于研究台湾本土社会以及海外华人群体。直到 80 年代,族群理论才进入大陆学界,伴随着对民族概念及其相关理论的反思而发展起来。目前族群理论层面仍在探索阶段，但基本观念已初步达成共识：族群理论主要有族群的客观文化特征理论和族群的主观认同理论两大流派，而后者又有根基论和工具两种观点；实践层面，王明珂先生将族群理论运用到对西南少数民族地区的羌族进行系统研究中，深化了族群理论内含，并为后人提供了族群理论与中国实际相结合研究的范例。

本章是对历史移民族群性的现代表述研究，基于族群是"指所有以共同血缘或拟血缘记忆来凝聚之人类社会群体"[①]，认为历史移民族群是在历史发展过程中，由于客观上具有共同的渊源（包括族源、地缘）和文化，主观上自我认同并被其他群体所区分的移民群体。历史移民的族群性就是这些历史移民在迁入地前作为一个族群所具有的性质或特征，主要体现在族群内部的自我认同以及与其他族群的区分和关系两个方面。具体到鄂西南官坝苗族移民族群，现代背景就是指进入 20 世纪 80 年代以来，苗族移民族群文化自觉意识增强，特别是民族的政治性与文化性不断引起讨论，民族的族群性在不断强化的过程中各自选择有利于自己的表述状态。官坝苗寨移民族群虽然在近三个世纪里不论是与周边其他族群，还是与主流社会，都能做到互生共荣。在现代背景下，本着族群的永续发展，资源的永续利用，官坝苗寨移民族群通过各种要素的构建，形成了新的系统性的族群性表述方式。

1. 文本表述：麻阳谱、地方志

鄂西南苗族移民族群主要以家族、宗族为单位定居官坝，与当地土家族、汉族两大族群交错杂居，族群边缘在漫长的相处融合中变得模糊，以致在 20 世纪 50 年代民族识别时很多官坝苗族都认为自己是汉族或者土家族。但在追溯其家族渊源时发现族群的民族特征仍较为明显。80 年代以来，由于特殊的社会环境、对传统文化

---

① 王明珂：《羌在汉藏之间——川西羌族的历史人类学研究》，中华书局 2008 年版，第 5 页。

的尊重以及对多样性包容的前所未有，出于更好地发展或者争取更好的资源，官坝苗族不论是在家族内还是在社区都不自觉地将"麻阳谱"和方志所记载的内容通过多种形式进行表述。

族谱是一个家族发展演变的文本表述，家族成员使用本族群的语言和文字记录本族群在社会、经济、文化等方面发展的历程和轨迹，并将之作为本族的历史记忆保存下来，代代相传。官坝苗族移民族群的陆、滕两姓都有族谱传世。在官坝重新编修的族谱中，清晰地记录官坝陆家先祖为陆随中，迁徙的路线为湖南麻阳—湖南芷江便水—湖北宣恩蚂蚁洞—湖北咸丰龙坪—湖北咸丰官坝，时间为清朝初期到雍正初年；滕氏先祖为滕善元，迁徙路线为湖南麻阳高村—湖南芷江猪楼冲—四川焕香寺白泥田—湖北咸丰龙坪—湖北咸丰官坝，时间为清朝初期到康熙末年。通过族谱所记载的家族各支妻室的姓氏可以推测出家族的姻亲关系，还可以反映出家族活动范围、族规礼仪等地方性知识，解释族群的历史记忆。以陆氏为例，姻亲关系前已简述；族谱中记载陆至贵六子，永秀支居蚂蚁洞、永武支居龙坪新屋场、永祥支居龙坪、永新支居龙坪，官坝陆姓都认为其祖先为陆永麟。现在官坝、新屋场、龙坪都是高乐山镇下辖相邻的村寨，"五房"基本上都居住在龙坪周围，这是其家族活动范围；陆至贵的六个儿子，除去金氏带来的谭家幼子"永秀"，自己的亲生五子被陆姓后代称为陆家"五房"。十六世陆琦、陆英、陆行、陆番是现今陆氏家族记忆中的陆家"四房"，这就是官坝苗寨中流传的"五房""四房"之分。这些族谱内容是现在官坝苗寨中老年人"摆龙门阵"文本的一部分，也是教育后人"不忘传统"的教材。苗族对家族记忆的现代表述方式，反映出族群内部的自我认同。

《咸丰县志》则反映出苗族历史移民族群与周围族群在族群性表述方式上的区分。龙坪陆氏，原籍湖南麻阳。……清乾隆二十四年腊月三十晚上，陆至贵一家吃一顿菜稀饭以后仓促逃走。同行的还有钟姓苗家。翻山越岭逃入宣恩麻柳洞暂住。嗣后又由麻柳洞迁入龙坪桐麻堡。两姓先辈挽草为记，指手为界，各居一域，互不杂处。至今桐麻堡还保留着先辈开凿的一条堤痕。每年腊月三十晚上，陆姓各家都要吃一顿菜稀饭，表示不忘祖宗苦难。今聚居于龙坪村和散居于龙坪乡牛栏盖、官坝、高乐山镇墨厂以及宣恩小关麻柳洞等地的陆姓，300 余户，1600 人，均为陆至贵一系后裔。[①] 表述虽与陆氏族谱大有出入，但将陆姓大年吃菜粥的故事作为区分族群差别的重要标志，也体现出官坝苗族移民与当地族群在族群性上的差异。同时印证了张、唐、陆、钟、田五姓一起迁徙而来的族群迁徙历史。"挽草为记，指手为界，各居一域，互不杂处"从侧面反映了从"合家坪"时代到"家族院落"的转变，祖先迁徙以及家族传承脉络在官坝移民苗族的记忆中越来越清晰。

2. 语言表述：麻阳话

从一般意义上说，族群的首要区别性标志是语言。[②] 语言作为族群的象征符号，它影响着族群的思维，凝聚着较为底层的族群文化。麻阳地自古以来处于荆楚文化与湖湘文化的交汇带上，生活其中的苗族在 300 年前使用的大多是吸收了汉语方言湘语、赣语成分，同时保留了部分苗语语音、词汇的麻阳话，在发声、语调诸方面呈现出不同于汉语方言和苗语的特点，语言学上属于汉语湘方言新湘语的次方言。迁徙到鄂西南地区官坝苗寨的苗族移民族群出于交际的需要大都转用汉语西南官话，麻阳话目前已经完全丧失了交际功能。访谈中发现，官坝苗寨 80 岁以上的老人还会讲他们所谓的"苗话"（官坝苗族移民群体对麻阳话的称呼），据他们回忆 20 世纪 50 年代"苗话"在官坝的日常语言生活中还很盛行，年老的人现在仍能够用部分"苗话"（指麻阳话）与宣恩蚂蚁洞的苗族交流。虽然很遗憾官坝的麻阳话保存得不是很完好，但麻阳话却成为

① 参见《咸丰县志》，武汉大学出版社 1990 年版，第 88 页。
② 那日碧力戈：《现代背景下的族群建构》，云南教育出版社 2000 年版，第 134 页。

官坝"麻阳人"与周边土家、汉等民族区分的符号，这种区分符号得到土家、汉等民族以及当地主流社会的认可。

在族群文化自觉意识逐步增强，以及政府等相关部门出于旅游开发的考量等多元因素综合作用之下，官坝村委会以及镇文化站还在2006年暑期从外县请来了苗语教师，编印苗语学习材料，组织寨中年轻人及餐饮经营个体户学习他们历史记忆中的苗语。但在学习的过程中发现，老师教授的苗语与日常生活中使用的土话以及老年人所说的"苗话"有很大的差别，最终未能在官坝将苗语学习推行下去。这种试图通过学习本族群的语言来彰显族群性虽然没有取得成功，但麻阳话却坚定地成为苗族移民族群对外表述自己，获得各种政治资源、经济资源甚至社会资源性的核心要素。

3. 民间宗教信仰表述：伏波神

伏波将军为西汉时期朝廷使用的一种敕封军队统帅的封号，东汉时期的名将马援因其战功卓著在建武十八年（公元43年）获此殊荣。后代因其文治武功显赫但极具悲剧色彩的英雄结局，民间立庙祭祀促使其由人晋升为神。马援曾征讨过的岭南、武陵一带，人们把他"降服波涛"的封号和行船、治水联系起来，对之加以崇拜，伏波神成为香火极盛的南方濒水区域的地域神。据《麻阳县志》《沅州府志》《湖南通志》记载，麻阳境内至少存在三座祭祀伏波的庙宇。陆氏苗族曾长期在麻阳境内生活，深受这一民间宗教信仰的影响，陆氏先人还因家族流传的伏波将军对家族的救命之恩的故事，把伏波信仰从地域神转变为家神，将之与陆氏祖先一同供奉在家庙中享受后代的祭祀。

在官坝，陆姓苗族伏波信仰由来的故事梗概是，陆家祖先象山老祖在朝廷为官，天天回家与妻子团聚。因"腾云鞋"与"缩地鞭"失去灵气不能及时回朝而遭遇不测，后得马援将军相助，象山从此隐姓埋名，在白鹿洞讲学，住在青田乡。陆家祖传对联有"讲学勿忘白鹿洞，居家不异青田乡"，并告诫后人一定要纪念马援的救命之恩。

正是由于这位伏波将军，"年十二而孤，少有大志"最终拜官封侯激励着陆氏后辈有着"治国平天下"的抱负。陆氏一门在鄂西南安家落业后就注重对后代的礼仪教化，使陆家后来人才辈出，才有获赐"庸行千古"木制牌匾的基础；在兄长马况去世后"行服期年，不离墓所；敬事寡嫂，不冠不入庐"①的孝悌之举，影响着陆氏后人"修身齐家"，在同治年间才有了方志中记载的陆必瑞孝德贞行的故事。

家神祭祀目的都是将人们的血缘和地缘关系结合在同一秩序中。②伏波神不仅成为官坝陆氏引以为豪的身份标志，"我们都是祭拜伏波将军的陆家人"，同时也将陆家与其他一同迁来的苗族群体区分开来，更区别于当地的土家族和汉族等族群。在访谈关于祖先历史记忆内容中与陆家关系最为密切的滕家人时，他们回忆祖先会去伏波庙祭祀，但没有陆家人对伏波信仰的虔诚，同为苗族的夏家指出伏波庙只有陆滕两家才会去祭祀；而历史上相互开亲的刘家、曹家（土家族）、朱家（汉族）是官坝的原住民，大都认为伏波庙是陆家的家庙，在其他族群记忆中，伏波将军是陆家祖先的救命恩人，陆氏将之视为祖先加以敬奉，这也是他们与陆家之间最为明显的区分。

4. 空间表述：伏波庙、家族院落

整理访谈关于官坝陆姓几位老年人的材料，基本上可知官坝陆姓苗族伏波信仰的历史状况。官坝苗寨中曾有一座伏波庙，官坝周围的龙坪、新屋场等地陆姓都会到庙中祭拜。庙中有一尊约半人到一人身高的木雕伏波菩萨坐像，菩萨的脸上刷有金粉，身着橘红色的长袍，手握宝刀（一说没有佩戴兵器）；菩萨两边各有一尊体态

---

① 《后汉书》，中华书局1965年版，第828页。
② 参见王明珂《羌在汉藏之间——川西羌族的历史人类学研究》，中华书局2008年版，第40页。

较小的塑像，为他的左丞右相，都佩带宝剑。庙里有陆姓大户人家捐助的少量庙田作为庙产，用于伏波庙的常规维修和日常开销。陆姓族人逢年过节都会到庙里祭祀，大年三十晚上最为隆重，族人要先到伏波庙敬拜伏波菩萨之后才会回家敬拜家先和其他神灵。有的人还会上常香，请清油。平日里家中有人或牲畜尤其是猪生病，家中主妇（必须在月经期之外）就会进庙烧香敬纸敬拜，然后到庙旁的溪水中提"药水"，回家后让人或牲畜饮用。伏波庙对面曾经还有一座戏楼，是陆耀琼（现官坝陆氏最年长的老人，2013 年 91岁，男）的祖父出木料修建的。以往每逢农历三月初三、六月初六和九月初九之时会在伏波庙举办庙会，届时，全村寨的人集资请县城的戏班来演戏，戏班演出时表演者头戴面具。新中国成立后，官坝的朱姓两兄弟因地主身份被没收房屋，赶到伏波庙里居住，也就没有人再到庙里祭拜。改革开放后朱姓人家在庙址上修建了房屋。

访谈中几乎所有的人都认为应该重修伏波庙，至少没有人明确反对，尤其是老一辈陆氏族人，更是强烈呼吁尽快重修伏波庙。官坝人认为，这不仅有利于增强苗寨旅游开发的文化底蕴，更是后辈对祖先的崇敬之意的表达。其实这也是官坝苗族移民族群性民间宗教信仰空间表述方式的体现。

"张、唐、陆、钟、田"五姓初到湖北宣恩蚂蚁洞集资形成了"合家坪"，后来由于人口增长与资源有限之间的冲突日益严重，一起迁来的麻阳苗族才逐渐分散建立起陆家院子、滕家院子、夏家院子等。当陆、滕、钟等姓麻阳苗族迁到鄂西以来，正好是土司统治和卫所统治被彻底废止以后，社会结构的变迁为陆姓苗族家族化提供了客观条件。对麻阳苗族来说最重要的空间结构变化，就是由"合家坪"变成"家族院落"。陆家院子与其他院子最显著的差别就是将伏波作为祖先崇拜的民间宗教信仰以及作为家族祭祀场所的伏波庙。可见，家族院落也是官坝苗族移民族群性空间表述方式的体现。

第四节　官坝苗寨族群性现代表述的动因

历史移民在现代背景下主动选择对其有利的表述方式，动因首先是历史移民族群文化自觉意识的萌发。"文化自觉"，是指生活在一定文化中的人对其文化有"自知之明"，明白它的来历，形成过程，所具有的特色和它发展的趋向。[①] 历史移民族群的文化自觉就是指他们对本族群的文化以及移民历史有较为清楚的认识，并且意识到移民经历对本族群发展有潜在的价值，逐步加以利用。随着官坝苗族移民群体文化水平的提高以及与外界的频繁接触，他们现在已经认识到本族群与周边族群的不同之处，通过对族群符号性的文本、语言、民间宗教信仰以及空间的现代性表述，彰显其族群特色，充分利用族群特性来尽可能多地争取生存以及发展资源，从而实现族群的长远发展。

其次，历史移民族群原居地族群对其产生的感召力是其对族群性进行现代表述的重要原因。苗族是我国历史悠久的少数民族，其族源可追溯至蚩尤时期，在与华夏民族历次交锋中失利，被迫迁移到生存条件更加恶劣的地区，发展至今已经历了五次大规模的迁徙活动。苗族是一个不断迁徙的民族，每次落业生根都要伴随着对迁徙历史记忆的族群性表述，进一步来强化其族群性。频繁迁徙之苦促使苗族历史移民族群倍感祖居地的亲切，归属感也会与日俱增，并形成了强大的民族内聚力。祖居地对迁移外出的移民具有极大的归属感召力。官坝苗族移民族群虽然在鄂西南定居时没有与当地族群发生激烈的冲突，但对祖居地麻阳的眷恋之情从未因生存空间的改变而消减，反而随着时间的推移逐渐增强。据陆氏老人回忆，20世纪中期湖南麻阳的陆姓曾来官坝苗寨看过他们的族谱，并说明他

---

① 费孝通：《费孝通论文化与文化自觉》，群言出版社 2005 年版，第 232 页。

们是属于同一血脉的陆家子孙。当官坝陆氏在时隔六十多年之后准备续修族谱时就组织了十几人专程前往湖南麻阳寻根，两地陆氏家族一同完成了族谱的续修。官坝陆氏移民族群通过续修族谱与湖南麻阳陆氏苗族建立了亲密的家族情谊，也获得了族群的归属感，现在很多老年人都渴望有机会去麻阳寻根。滕氏也有同样的修谱经历，咸丰十年、1989 年、1998 年三度续修族谱促使族谱能够更全面准确地反映出家族的发展轨迹。在修谱寻根的过程中，先人的迁徙磨难深深烙印在后人的历史记忆中并代代相传，对家族的责任成为族人一种重要的精神财富。纵然代远宗长，同宗同族的血亲是难以割舍的。族谱是联系亲情增强族群凝聚力的精神纽带，更是移民族群的精神家园和心灵归属地。所以官坝苗族移民族群通过文本表述乃至语言、民间宗教信仰以及空间等现代表述方式，建构起移民族群的民族归属感。

再次，历史移民族群对其族群性进行现代表述也是族群自身发展的需求。鄂西南地区历来被视为"草昧险阻之区"①，交通闭塞严重影响到区域的生产力水平发展。尽管新中国成立之后交通条件有所改善，但区域内的社会、经济、文化水平仍然滞后于全国其他地区，官坝苗寨整体相对落后。随着交通条件的逐步改善、苗族文化水平的提高，与外界接触交流日益频繁，官坝苗族更加意识到族群发展的迫切性。在良好的外部环境下，官坝苗族移民族群选择了既与其他族群互生共荣、与主流社会规范一致，又合乎本族群文化运行逻辑的族群性的现代表述方式，来满足本族群的发展需求。

历史移民族群性表述方式的转变是在特殊自然环境下以及历史进程中发生的，它反映出不同历史时期族群与族群之间的关系、国家与乡民的关系、族群与资源环境的关系。官坝移民群体族群性的表述策略经历了刻意模糊—自然失忆—主动营造三个阶段，显示出外来移民群体在移入地适应、融入、发展的路径；官坝苗族成员从

---

① 高润身：《容美纪游注释》，天津古籍出版社 1991 年版，第 44 页。

群体身份的模糊到民族身份的自我认同，体现出历史移民族群性表述中历史性与现实性、情感性与工具性的多重动因。

第五节　官坝苗寨的展望

苗族是自秦汉以来经过长期的发展、分化以及融合逐步形成了拥有共同文化背景的苗族族群，在官坝这个苗族族群从移居此地时就已有了共同的文化和传统习俗，所以官坝族群意识已然形成。由于自然原因，官坝苗族处于相对稳定、封闭、停滞的农耕社会，自给自足、男耕女织的自然经济一直占上风，这就决定了苗族社会变迁的进程是缓慢的，这也是许多古老的生产习俗得以传承延续下来的重要原因。在官坝苗寨乡土社会中，传统的重要性比现代社会更甚。官坝在几百年的历史发展中，无疑是个乡土观念甚重的社会，所以在生产文化中经验和传统占据了统治地位。

官坝人讲究礼俗与传统，生活中如此，生产中也是如此。无论是耕种、养殖还是渔猎，在苗寨里都有一套约定俗成的规矩。官坝人十分重视家庭与族群教育讲忠讲孝，在官坝流传着有关忠孝的历史，每个官坝人都可以娓娓道来，至今还有当年朝廷颁赐的匾额高高悬挂在滕家老宅里。这些优良的传统也体现在生产方式上，他们讲究对长辈的尊重，显然也包括尊重他们流传下来的种植方法和经验。因此，由于这些人文因素与自然因素的结合，古老的种植经验在官坝得以保存并发扬光大。

官坝苗寨在几百年的历史发展中，经历过风风雨雨，从清代咸丰建县开始，他们的隶属关系也几经变迁。清雍正时属咸丰县，道光十七年编户入里，官坝属太和里。至民国二十四年，咸丰县又被划为三区，官坝属于第一区。民国三十年，撤区并乡，官坝属于忠龙乡。新中国成立后，官坝又经历了几次改变，从城关区和平公社、茶园公社、大田坝区龙坪乡、高乐山镇龙坪乡官坝村一直到今天的高乐山镇官坝村，从这一系列变化中，可以看出，官坝的政治隶属关系虽然一直在变化，但是居住在官坝的苗民从未被分开过，他们的生活生产虽然被干扰，但并未被彻底改变，所以生产方式也并没有像沿海地区那样受外界深入影响而面目全非。但这并不是说政策的变迁没有影响到官坝的生产，如手工业从自由发展到备受抑制再到如今的鼓励发展，这都是政策在发生作用。

如今，官坝走上了新的发展道路。基于距县城近、交通便利的条件，官坝村民在当地政府帮助下积极调整经济结构。一是建设县城菜篮子和果品基地；二是建设村寨旅游基地；三是建设文化产业。通过这些工作，近年官坝村民人均收入显著提高。

回望官坝，画面上依然有成片的水稻、嬉戏的鸭子、古老而质朴的苗家寨子，如今又多了一排排生机盎然的乌龙茶树、颇具规模的绣花鞋厂。官坝小桥流水人家的静谧深处又平添了几分活力。

后 记

　　武陵地区是历史上各民族迁徙以及文化交流较为频繁的地区，各民族的历史源远且厚重，文化多样且混融。湖北民族学院作为坐落在武陵地区的高等院校，对该区域开展研究的工作从来就没有停止过。从 2000 年以来，湖北民族学院民族研究所就组织了一批研究人员对鄂西南地区苗族村寨如宣恩县的茅坡营村、咸丰县官坝村进行了较为系统的调查。对茅坡营的调查主要由龙子健先生、陈湘锋先生、田万振先生、雷翔教授、吴雪梅教授完成，其间推出了一批成果，为后学了解和研究湖北苗族奠定了较好的基础。

　　2007 年，由雷翔教授主持了"官坝苗寨传统文化的挖掘与创新研究"委托项目，雷翔教授带领当时的民族学与社会学学院的教学科研人员以及一批研究生在官坝苗寨开展了较长时间的田野调查，当时参与调查的教学科研人员中有谭志满、刘伦文、徐铜柱、唐卫青、吴茜、杨洪林、赵杨、韩敏、李岍、马晓红等老师，调查后形成了一批材料，后由雷翔教授统稿，将文本呈送到了项目委托单位。

　　2012 年，湖北民族学院获得了湖北省高等学校战略提升计划（即"2011 计划"）"武陵山民族文化与旅游产业发展湖北省协同创新中心"项目，民族研究院负责实施该项目的开展工作。为了加强武陵地区民族历史文化的研究，丰富武陵地区旅游产业的内涵，民族研究院又组织了一批科研人员和研究生对包括官坝苗寨在内的"民族特色村寨"开展了较长时间的田野调查，计划在近两年时间内推出一批关于"特色村寨"的系列研究成果，以服务民族地区经济社会发展。本书即是成果之一。

本书很多材料来自雷翔教授承担主持的"官坝苗寨传统文化的挖掘与创新研究"成果，也可以说，本书是一个集体成果，前面列举的教学科研人员为本书的推出做了十分辛苦的资料搜集工作，对于他们的付出表示由衷感谢！特别是对后期杨洪林博士提供他多年来亲自拍摄的照片表示谢忱！在后期调查与资料整理中，研究生张雅、郭心、谭玮一、杜鹏等人也付出了大量的精力，在此一并致谢！

本书重在资料的整理与呈现，希望对湖北苗族的研究能起到抛砖引玉的作用，其学术水平还有待提升，还望各位学人海涵！